JEANNINE JUSSERET

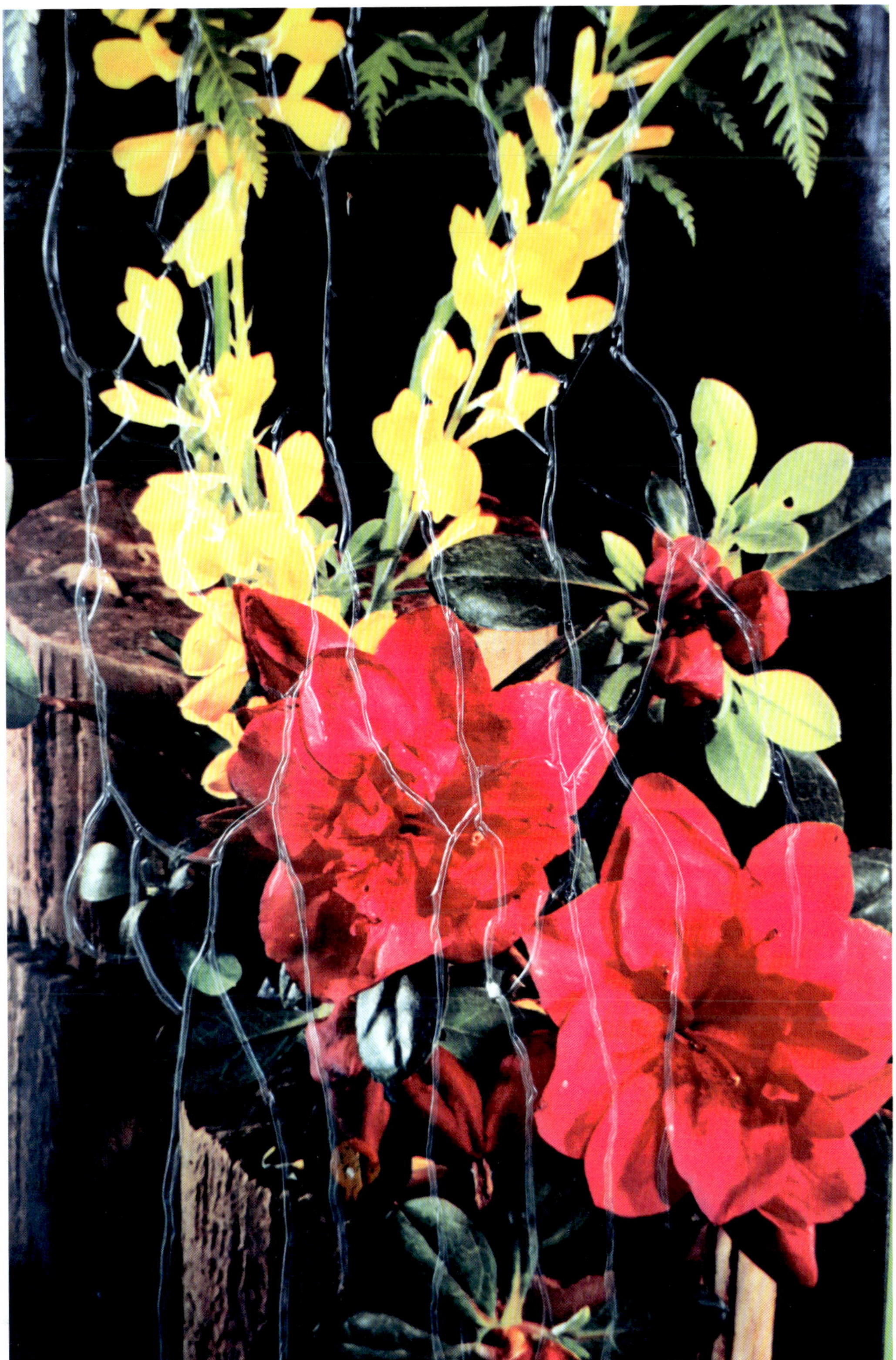

Sébastien Cuvelier

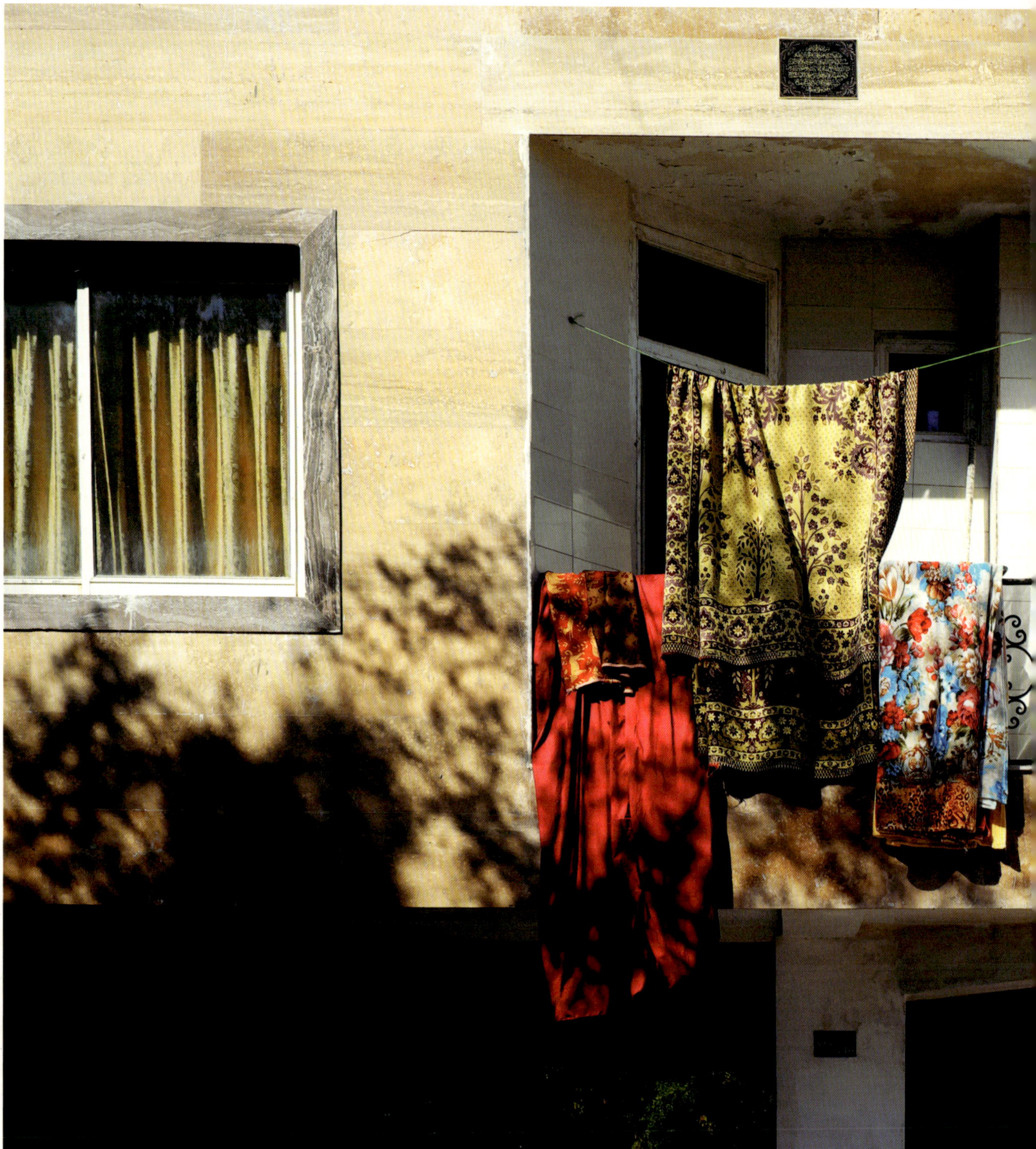

PARADISE CITY

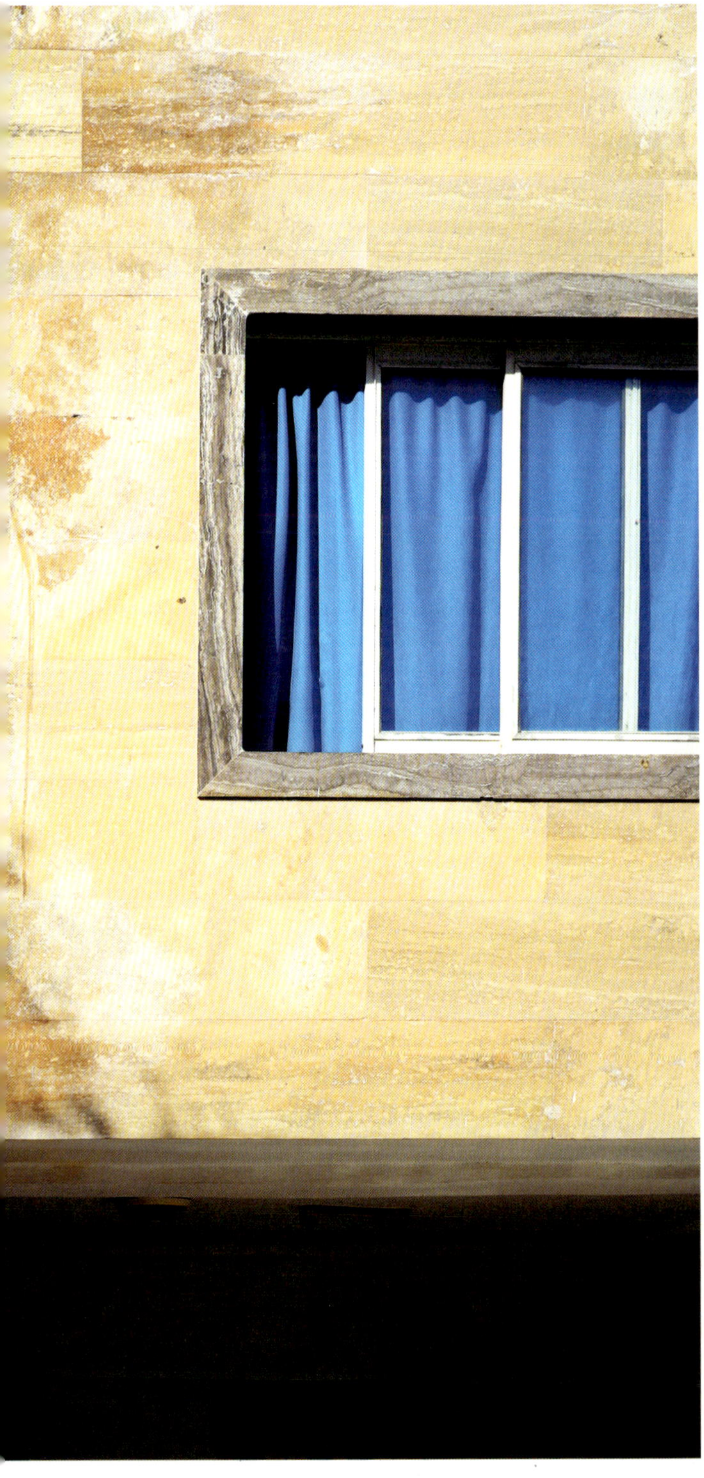

- PERSEPOLIS - NAMUR

août et septembre 1971

GOST

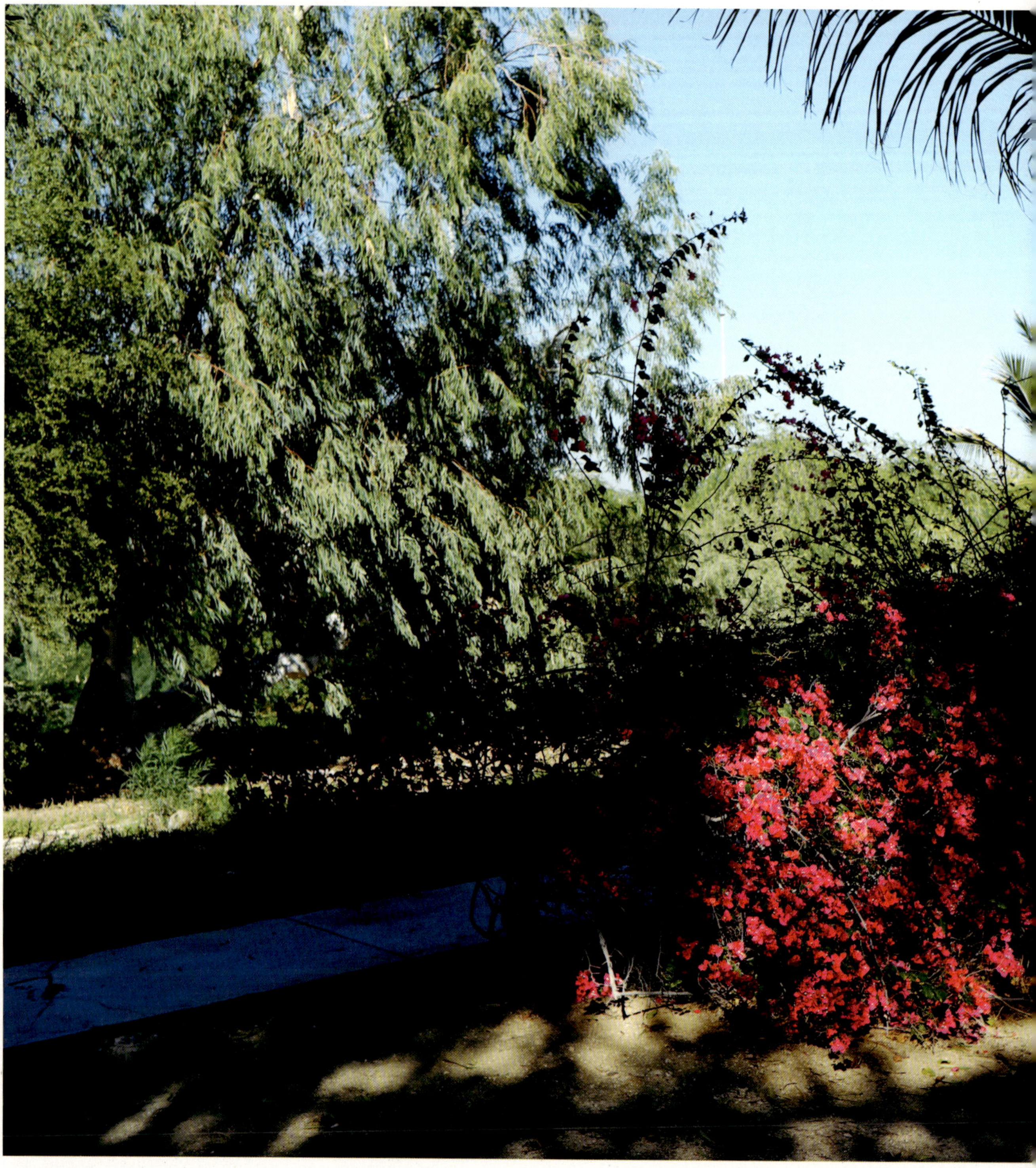

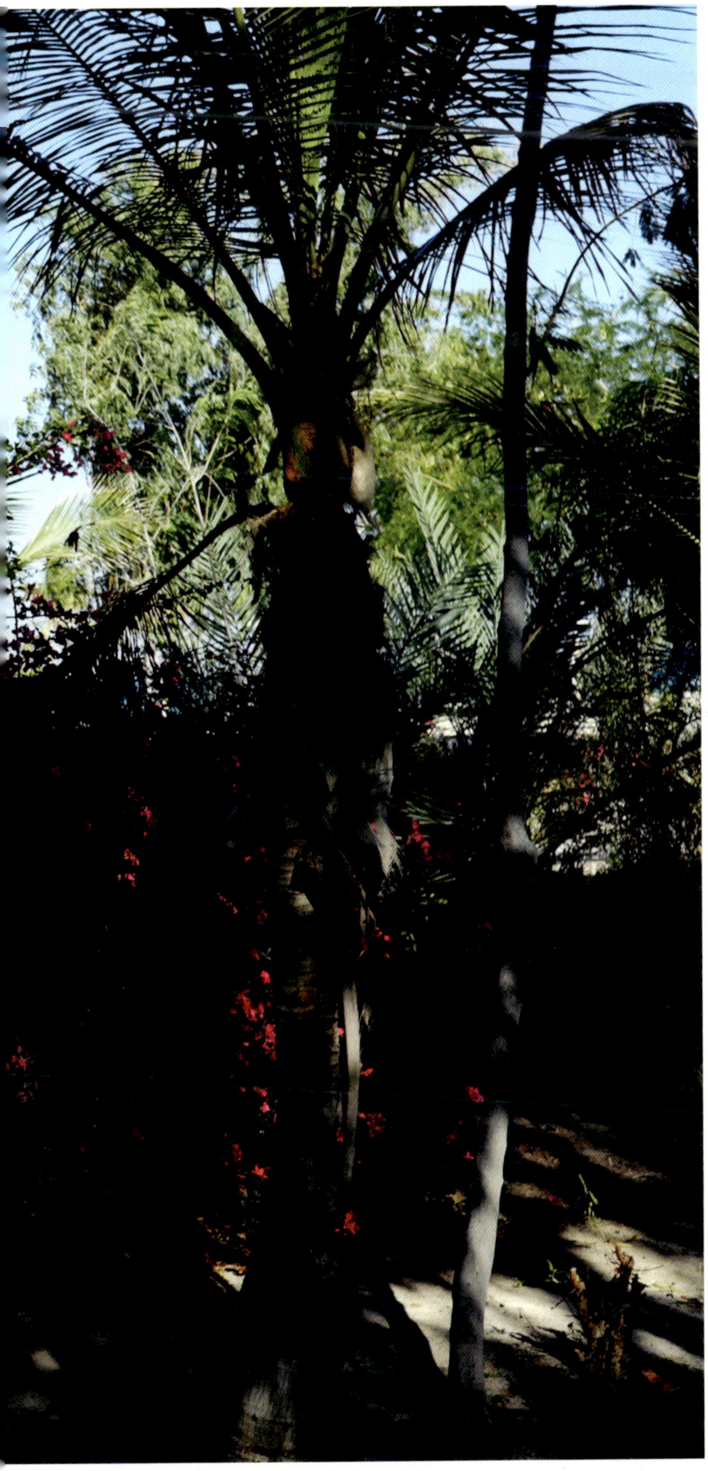

Nous dédions ces notes

à nos Parents,

et à tous ceux qui ont collaboré à

la bonne réussite de notre voyage

et plus particulièrement à

Monsieur Been de Yvoir,

Monsieur Cobraiville de Witry,

Monsieur Collet de Evrehailles,

Monsieur Monhonval de Anhée,

Nous les remercions de tout coeur.

Charly, Christian, José

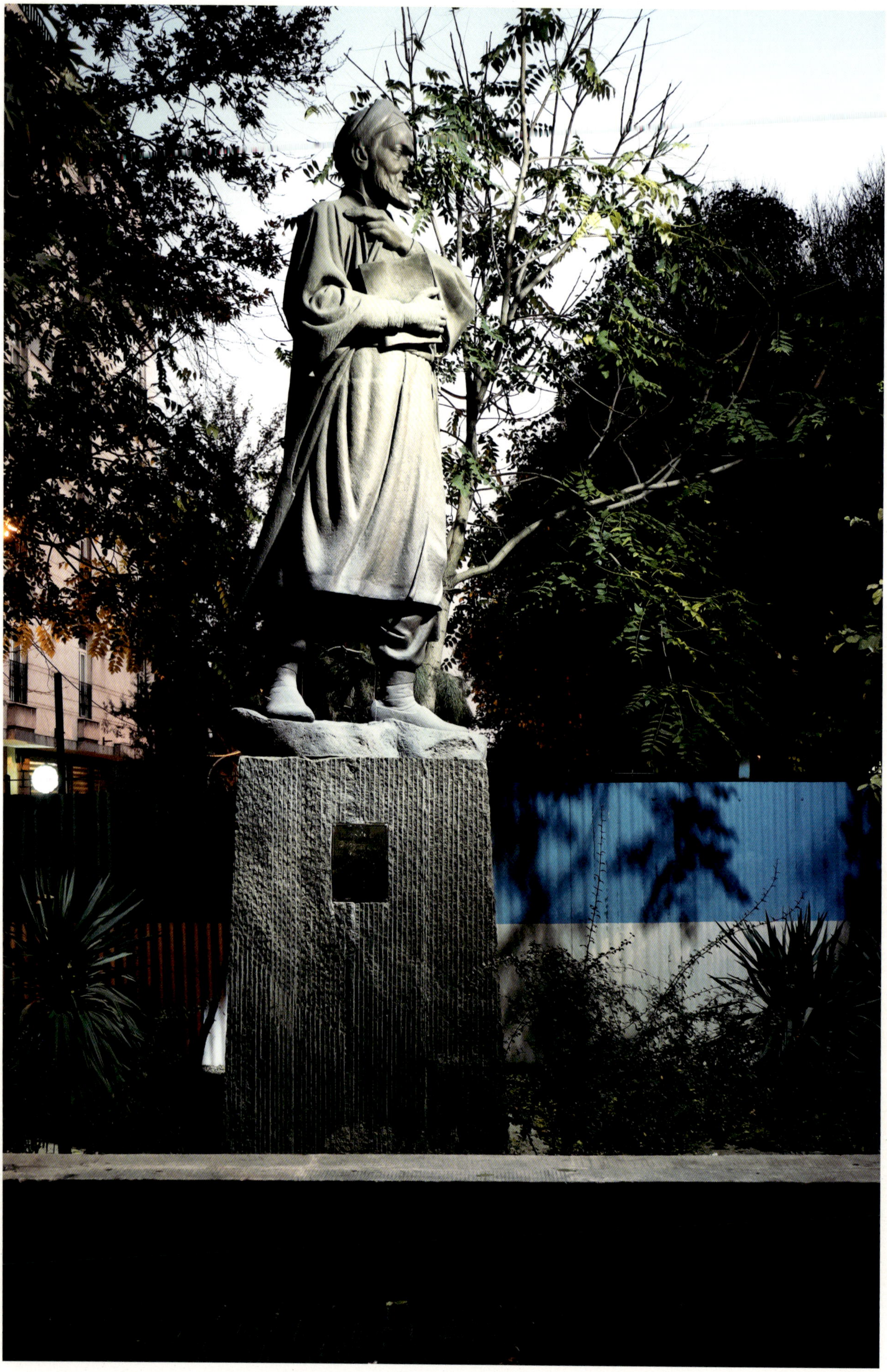

CHAPITRE I.

PERSEPOLIS OU LA NAISSANCE D'UN EMPIRE.

I. Vers le soleil levant.

Persépolis, le nom de cette ville d'Iran (nom pourtant combien grec), éveille pour beaucoup l'attention et la curiosité. On en a tellement parlé, on l'a lu dans tous les journaux, entendu et vu à toutes les radios et télévisions.

Certains cachent la vérité, sont à côté de la question ou parlent du pays en ne donnant que des indications fausses. C'est ainsi que certaines émissions de télé ne parlent que du beau côté de l'Iran: les buildings, las larges avenues, les bars, les night-clubs; d'autres, le côté retardataire et ancestral avec les moyens agraires désuets et le peuple illettré.

Où trouver la vérité, si ce n'est en y allant; c'est ce que nous avons décidé. Après les préparatifs assez longs duant l'année scolaire: trouver une camionette, faire les réparations nécessaires, placer un moteur convenable, contacter les firmes, rassembler le matériel (outils, huile de toutes sortes, barres à mines et chaines pour les embourbages, crics... pièces de rechanges multiples, pneus adaptés à chaque type de terrain, nous en avions onze en tout), le jour du départ arrive. Trois étudiants décidés à tenter l'aventure avec un véhicule de plus de dix ans. Trois étudiants, Charles Camberlin (Yvoir), Christian Jusseret (Witry), José André (Marche en Famenne), décidés à affronter des inconnues comme le froid, la chaleur, la faim,

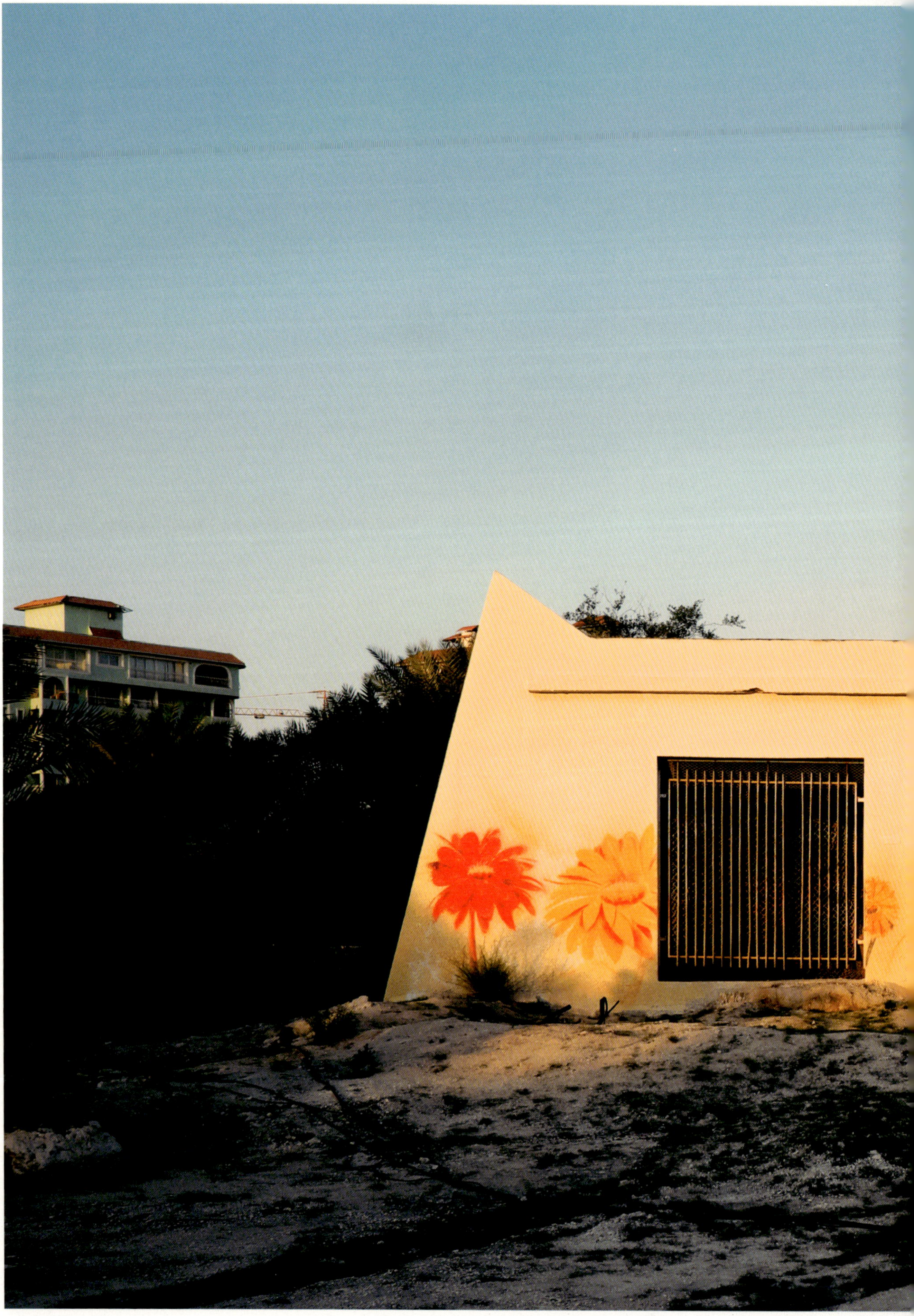

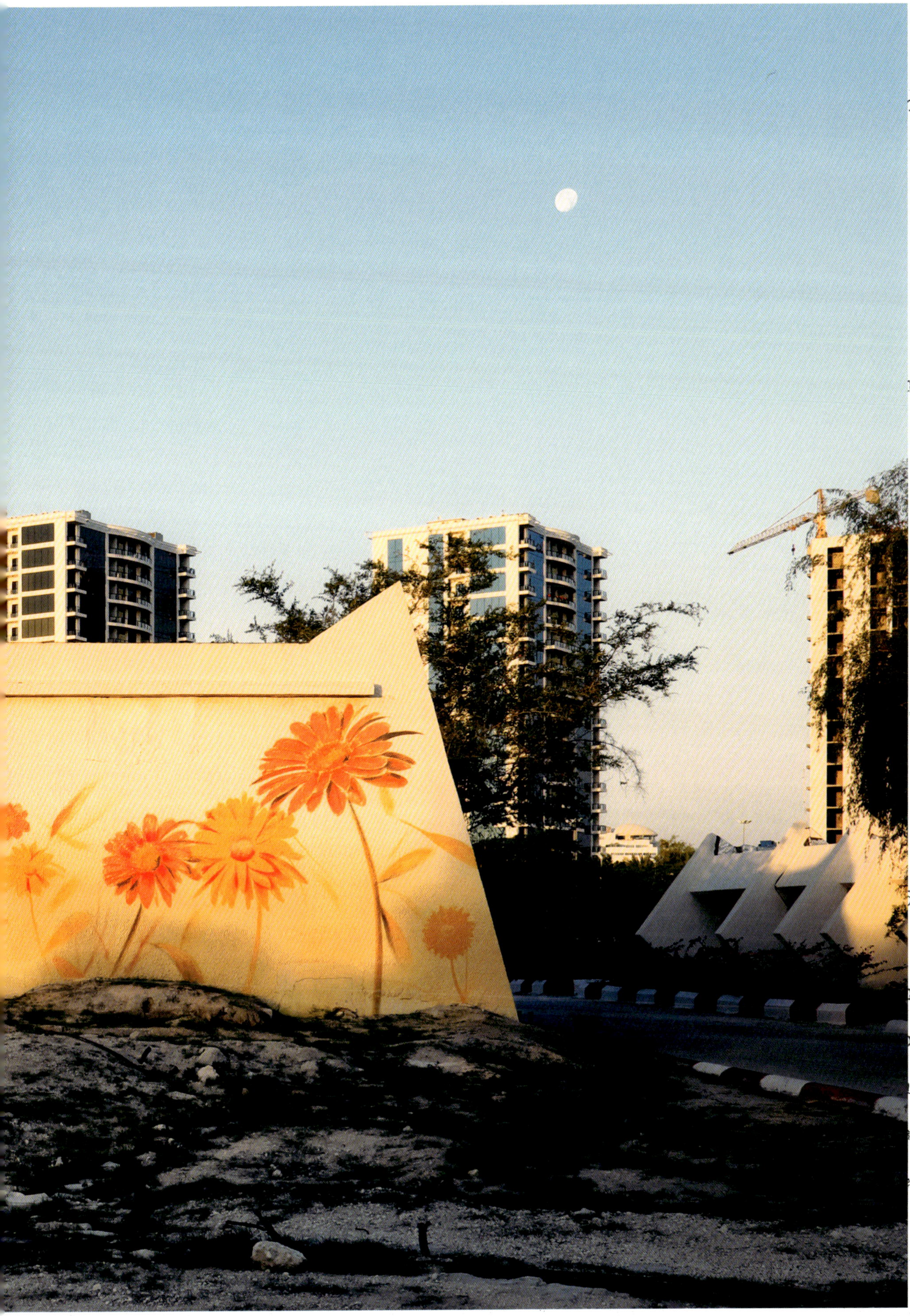

ORIGINAL - *ORIGINEEL*

1. CARTE INTERNATIONALE D'ASSURANCE AU
INTERNATIONAAL MOTORRIJTUIGVERZEKERINGS

2. Emise avec l'autorisation du BUREAU BELGE des ASS
Uitgegeven op gezag van het BELGISCH BUREAU van d

3. NOM ET ADRESSE DE L'ASSURE (ou de l'utili
NAAM EN ADRES VAN DE VERZEKERDE (of houder

CAMBERLIN Charles
Place des Combattants,
5190 YVOIR

5. CATEGORIE ET MARQUE DU VEHICULE *SOORT EN MERK VAN HET MOTORRIJTUIG*		6. N° D'IMMATRICUL *KENTEKEN (*
C	VOLKSWAGEN 02T 03P	E.974.M

5694

8. C
DIT V
(Nom et Adress

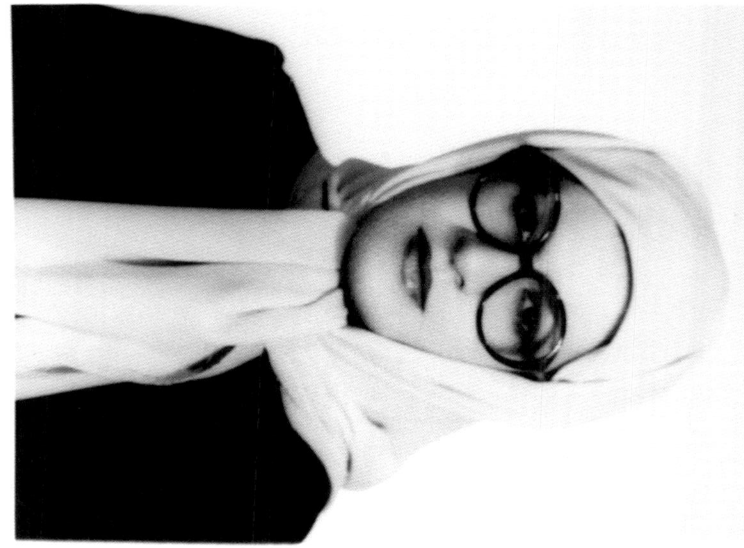

u- *tot*
Année
1
Jaar
inbegr.)

IR
ERAAR

CATEGORIE DE VEHICULE - *SOORT MOTORRIJTUIG*
(Code)

A. Automobile
Personenauto

B. Motocycle
Motorrijwiel

C. Camion ou Tracteur
Vrachtwagen of Trekker

D. Cycle à moteur auxiliaire
Rijwiel met hulpmotor

E. Autocar ou Autobus
Autobus

F. Remorque
Aanhangwagen of Oplegger

NOUVELLE PREMIERE NEERLANDAISE S.A.
44 a, rue de l'Association - 1000 BRUXELLES
NIEUWE EERSTE NEDERLANDSCHE N.V.
Verenigingstraat, 44 a - 1000 BRUSSEL

RAYER LES PAYS DANS LESQUELS CETTE CARTE N'EST PAS VALABLE
LANDEN DOORHALEN WAAR DEZE KAART NIET GELDIG IS

A	CH	D	DK	N	S	SF	E	IRL	F	GB	GR	I	L	NL	MA	P	TN	YU

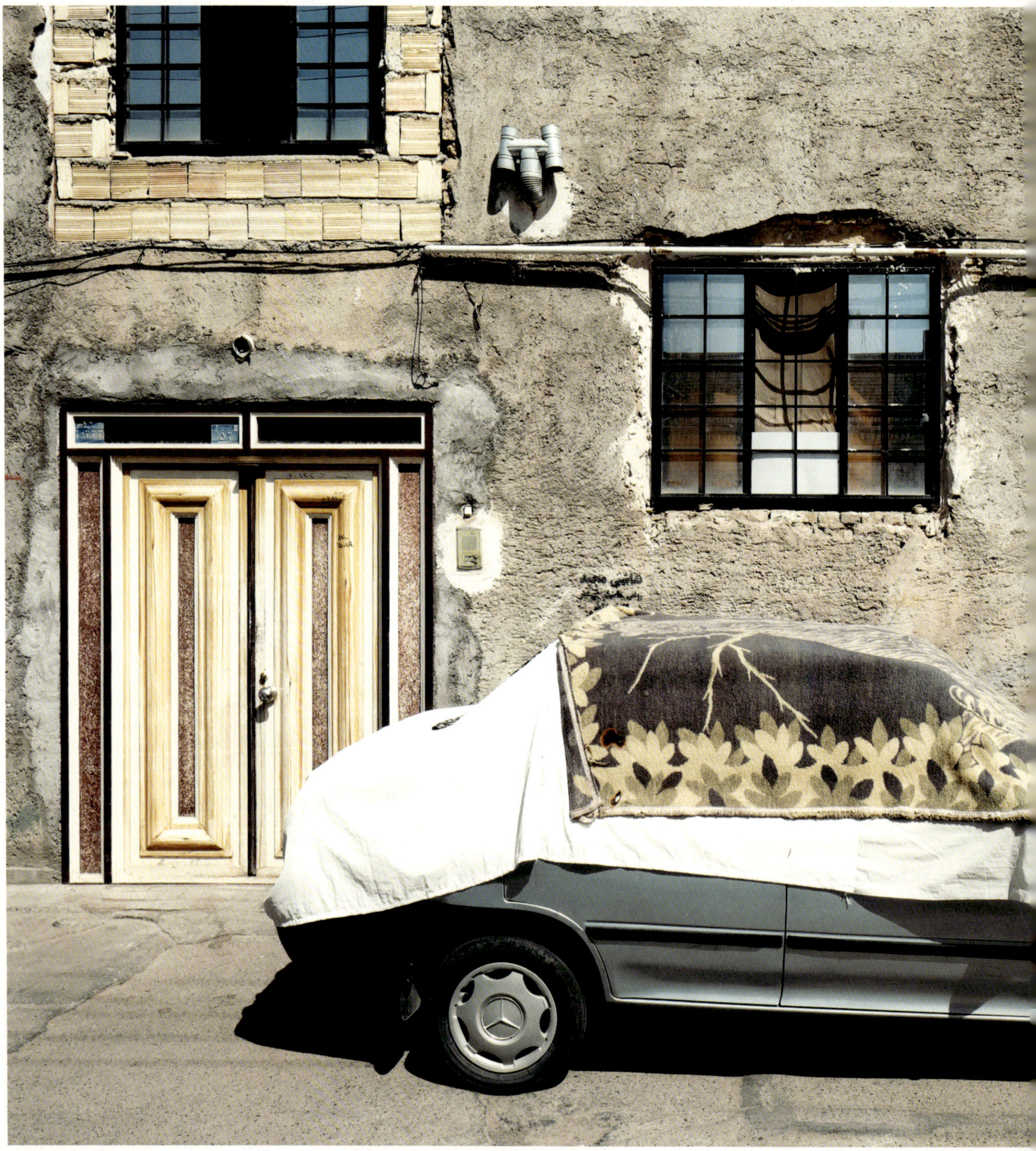

Depuis tout un temps, la circulation est ralentie; les arrêts sont de plus en plus fréquents. Des camions impatients nous doublent alors que nous n'avançons plus que par bonds successifs de IO m. Après une heure, nous apercevons un énorme convoi transportant un pylone électrique en parties: le premier élement ne peut pas passer sous le

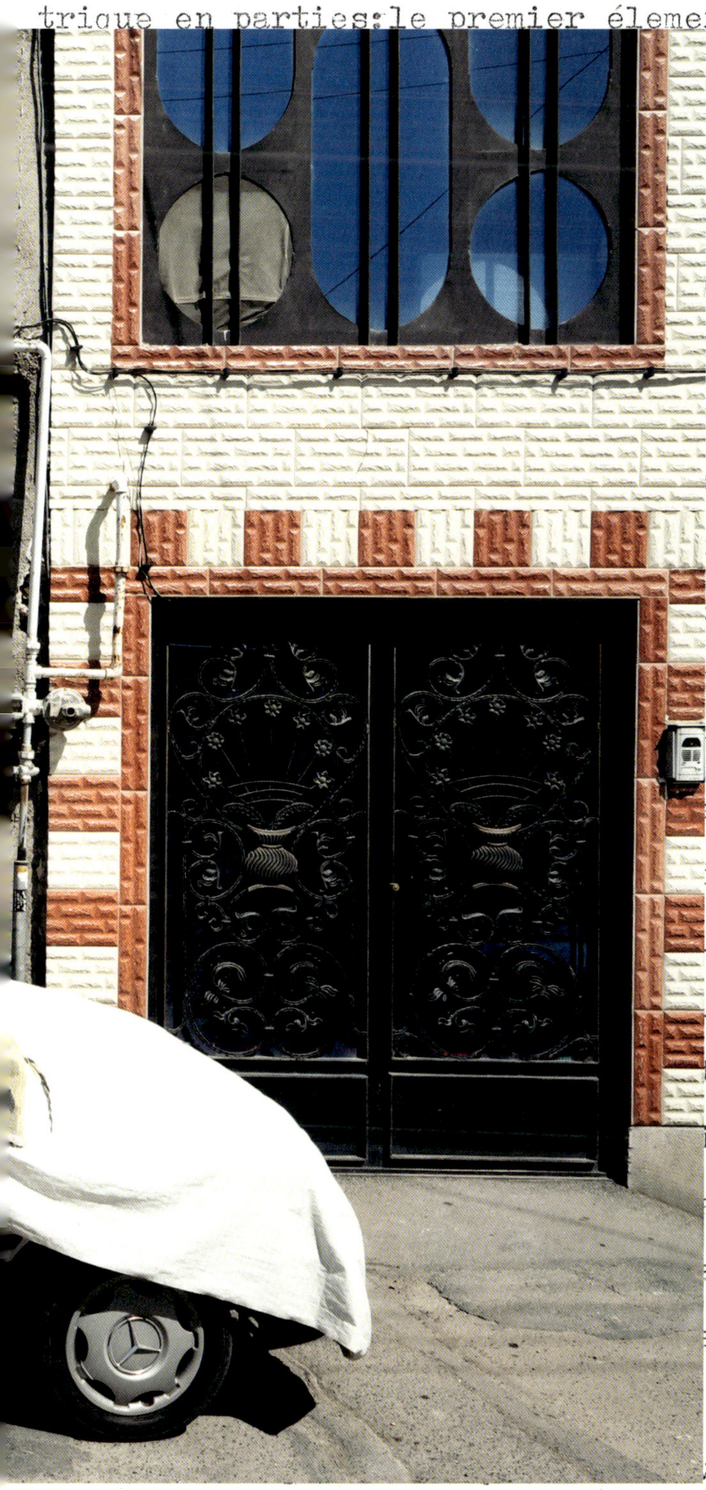

être.

ment Béograd, ville qui nous ap-
bâtiments très bien dans le style
es. Dans les grandes artères, aucune
les voitures stationnent simplement
ation se faisant des deux côtés.
s; il ne reste pratiquement plus
le terre qui ravagea une grande
oin, nous commençons à être assail-
naille de gosses montant sur le
trois à venir successivement laver
e en caoutchouc et un bout de tissu.
linaria"). Tout le long de la route,
uscule cabane en feuilles sèchees
ues, melons, raisins et pêches.
te devient sinueuse, nous traversons
le, il n'y a plus guère que des
rin sauvages. Nous traversons de
sur des claies appuyees aux façades.
se toujours un problème car les
neige au soleil. Il faut demander
vant de pouvoir enfin s'extraire

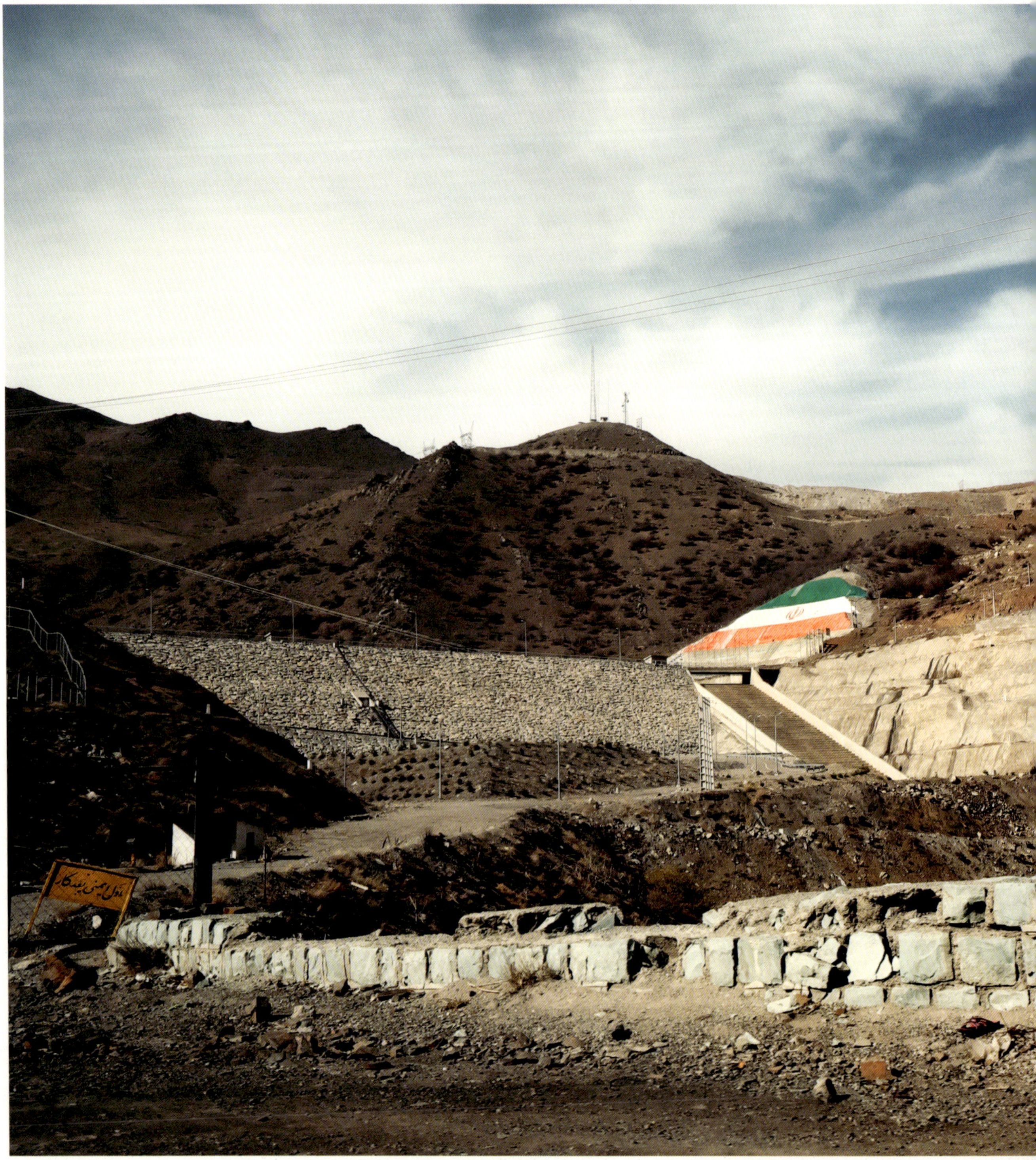

du dédale des petites rues. Lorsque vous êtes sur la bonne route, les gens vous font automatiquement signe avec une gentillesse exquise.

Au soir, c'est le passage de la frontière greco-turque. Il ne nous reste que des drachmes grecques pour payer l'essence:

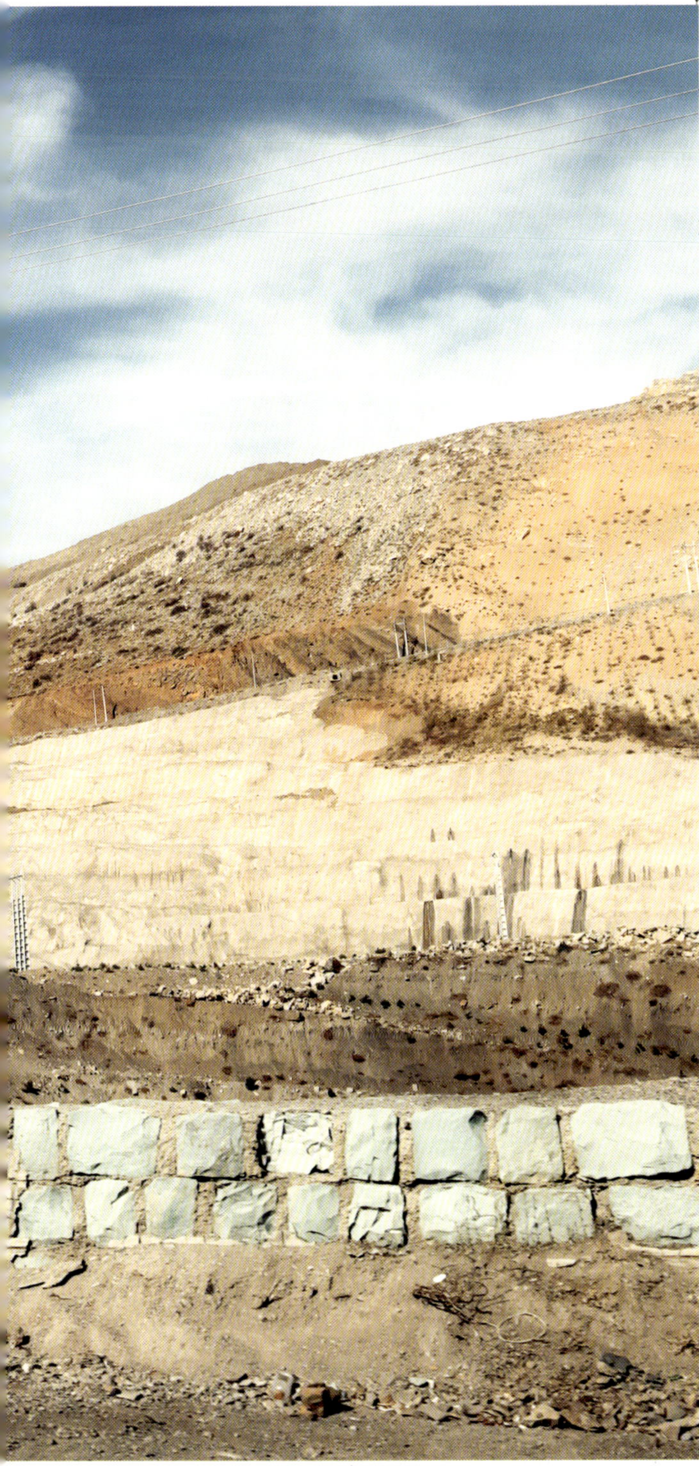

des lires turques à la frontière,
utôt que prevu. Après une
inutes sur le taux d'échange de
igés de cédér les drachmes à
s apprendrons plus tard que
té en Turquie.
à camper. On repère une petite
stoppe un peu en retrait de la
blé. Il est 23 heures lorsque nous
sser la tente. Tout à coup, un turc
blés voisins; ilporte un fusil
'air pacifique et aussi étonné
bien que mal notre intention dans
-ce type ne comprend pas l'anglais
-. Il nous fait comprendre par
s pendant la nuit.
de Marmara; nous apercevons de
ts à travers les branchages.
ses petits villages accrochés

porte de l'Asie. Istanbul, Byzance, Constantinople, autant de noms qui évoquent des siècles d'histoire et qui font rêver. Un début d'autoroute nous amène près de ses

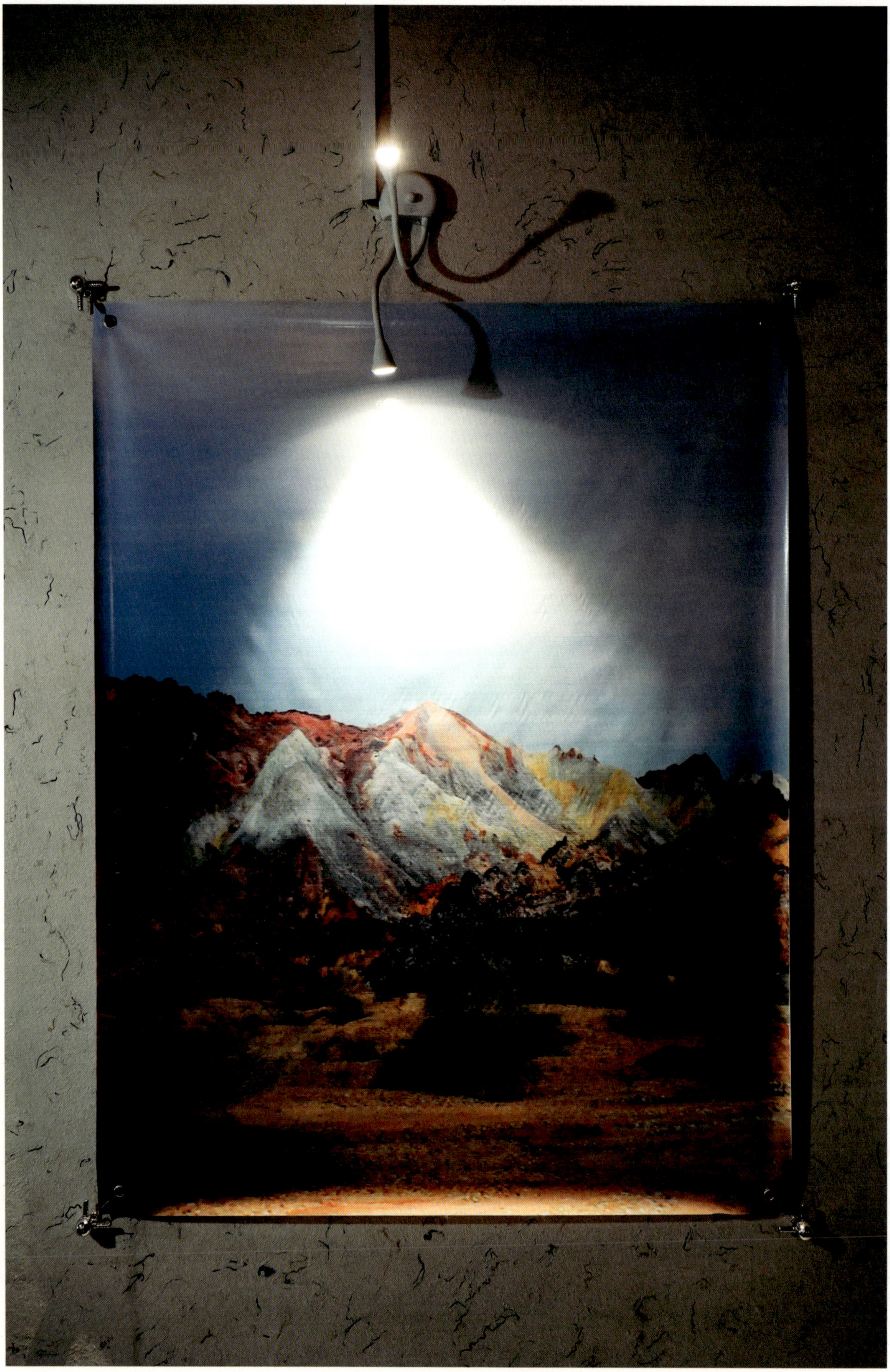

murailles dont on peut encore voir les anciens soubassements datant de l'époque où elle etait noble et invaincue.

Maintenant, les pauvres hère s'en servent pour s'abriter et construire des taudis. Tout un peuple vit dans ces pierres et forme une ceinture vivante autour des vieilles maisons.

La ville diffère totalement de la plupart de celles d'Europe. Ces dernières, en effet, à partir de quelques dizaines de milliers d'habitants, possèdent des immeubles à étages multiples, de larges avenues bien propres et rectilignes. Au contraire, Istanbul, malgré ses 3 millions d'habitants, ressemble de par le gabarit de ses constructions à un très gros village qui n'en finit pas et où les mosquées seules dominent: on en compte près de 500. Pas de grandes artères roulantes, mais des rues tortueuses à souhait dans lesquelles roulent de vieilles guimbardes americaines dont la moyenne d'âge est de plus de IO ans. Les 2/3 de ces voitures sont en fait des taxis facilement reconnaissables à leurs damiers jaunes et noirs ceinturant les portières à la base des vitres. Les pneus sans exception sont lisses.

Il n'y a aucune priorité: tout le monde s'engouffre dans les carrefours, le premier arrivé passe. A un grand croisement de la périphérie, malgré des feux et un agent de police qui s'époumone à lancer des coups de sifflets à gauche et à droite, la circulation est restée orientée dans le même sens pendant un quart d'heure; nous avons attendu pendant tout ce temps en ayant pris soin de couper le moteur.

Le lendemain, nous retournons dans la célèbre ville après avoir parcouru 32 km. pour trouver un endroit dans la banlieue

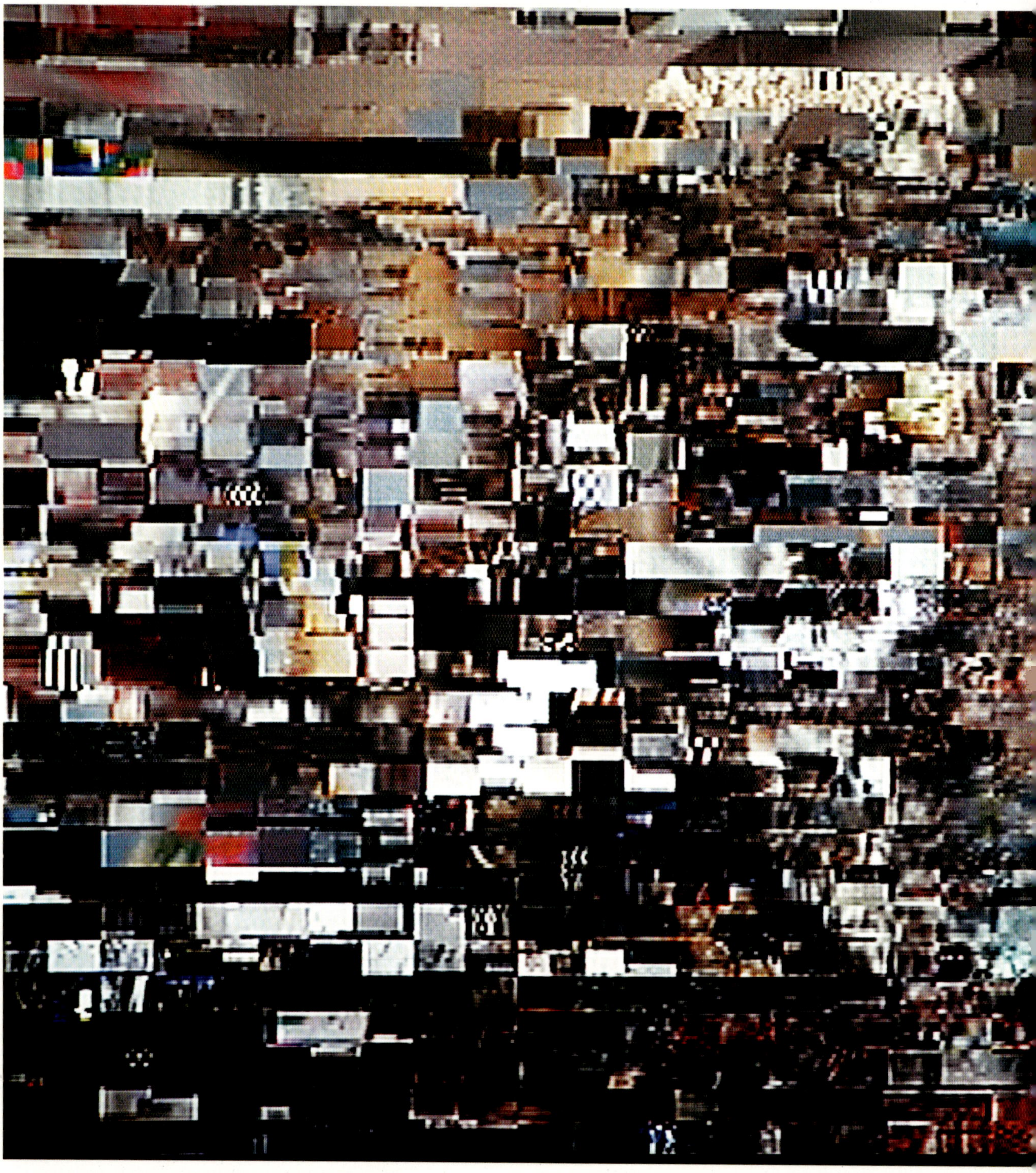

afin de dresser la tente.

En ville, il faut sans cesse faire attention à ces petits véhicules à trois roues transportant des légumes et des fruits, qui vous dépassent en troisième file. Ils débouchent de partout comme ces porteurs au dos courbé qui s'imaginent avoir la priorité absolue et traversent devant vous, tête la première.

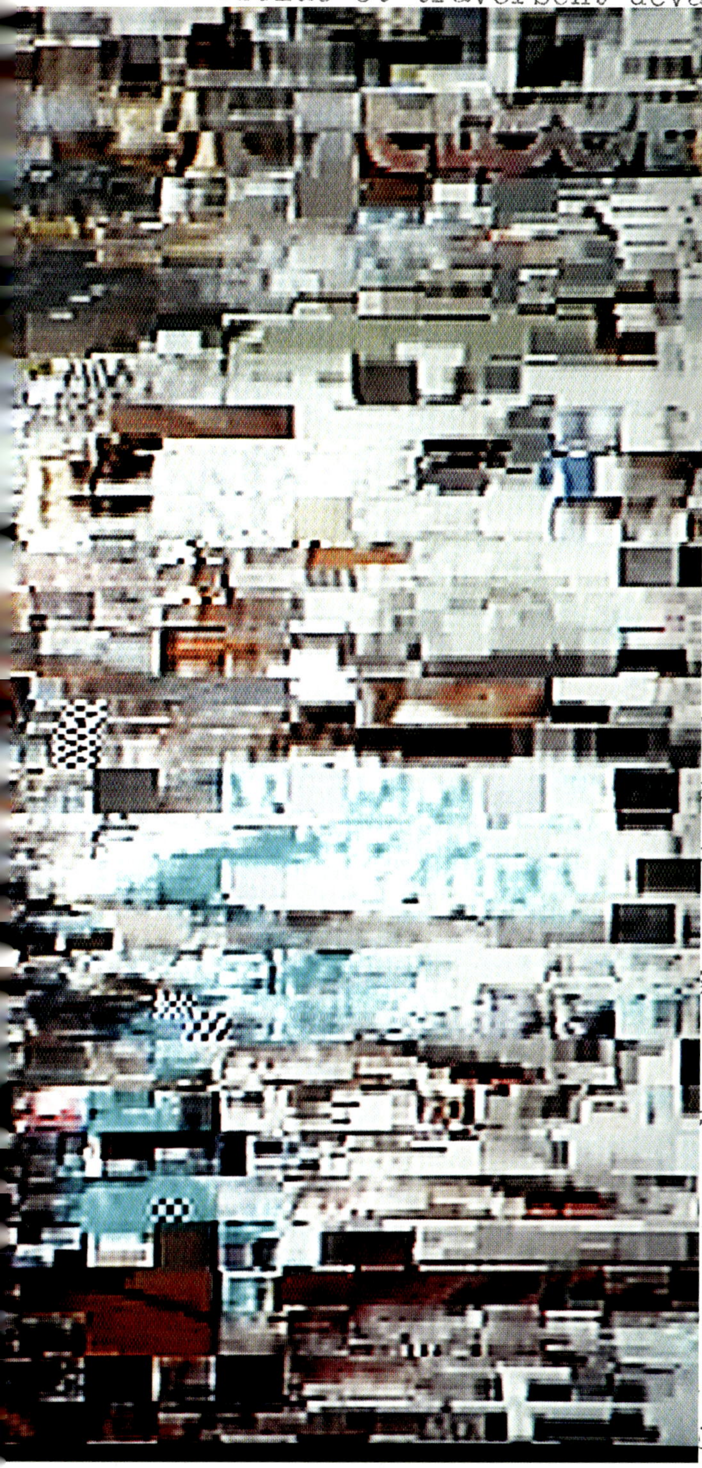

ne majesté et une grandeur qui
rieur est assez défrâchi. La
tan Ahmet, bien que plus petite
couleur azur. Pour entrer, il faut
ue peu indécente devront revêtir
des tapis jonchent le sol.
ière, des fidèles prient, tournés

ration. Plus loin, c'est le Topkapi,
ire de son pays. Il est ombragé
ntérieur, des porcelaines chinoises
es. Une magnifique collection
r papier....avec un poil
à tabac entourées de diamants,
écieuses, des armes en or incrusté
le trône du Chah Ismail en or
re salle expose des vêtements

de traverser la ville pour
re par ses fresques, mais à
s égarons dans les bas quartiers.
les immondes, des charrettes aux
roues en bois cassées à cause du mauvais état du revêtement.

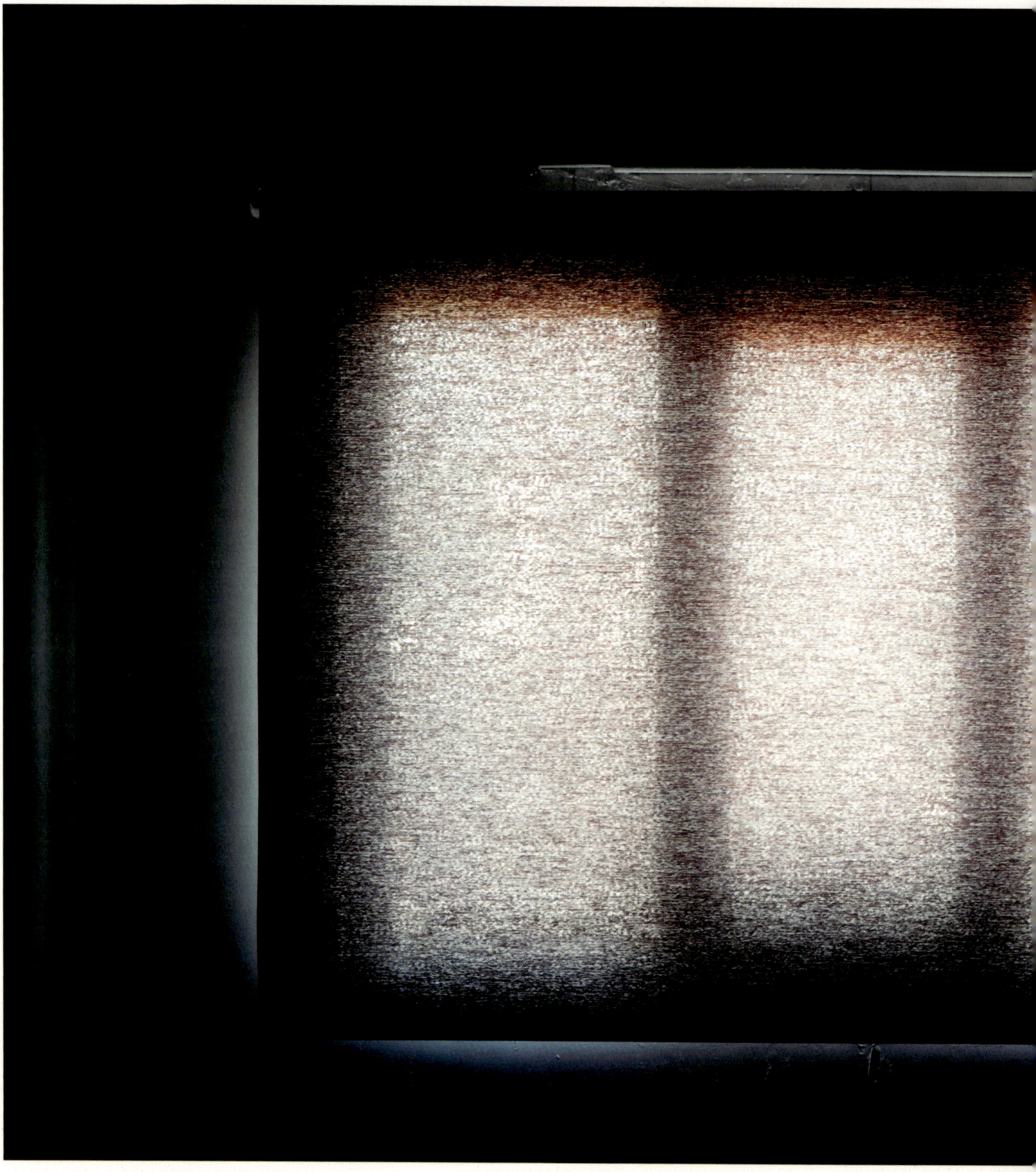

Bon voyage et

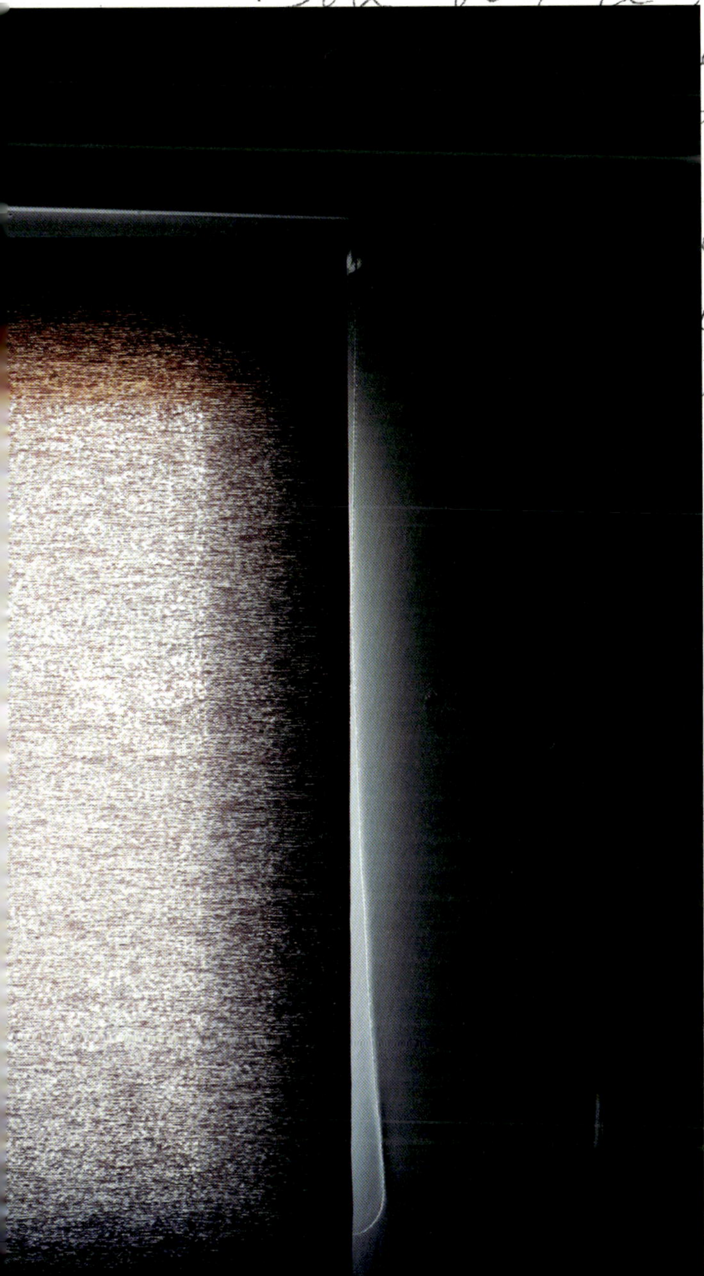

evoyons
and il
core un
nts au
et Danielle
Goerg
uisse)

Ali Senöz
Göreme
Ürgüp

Turkey

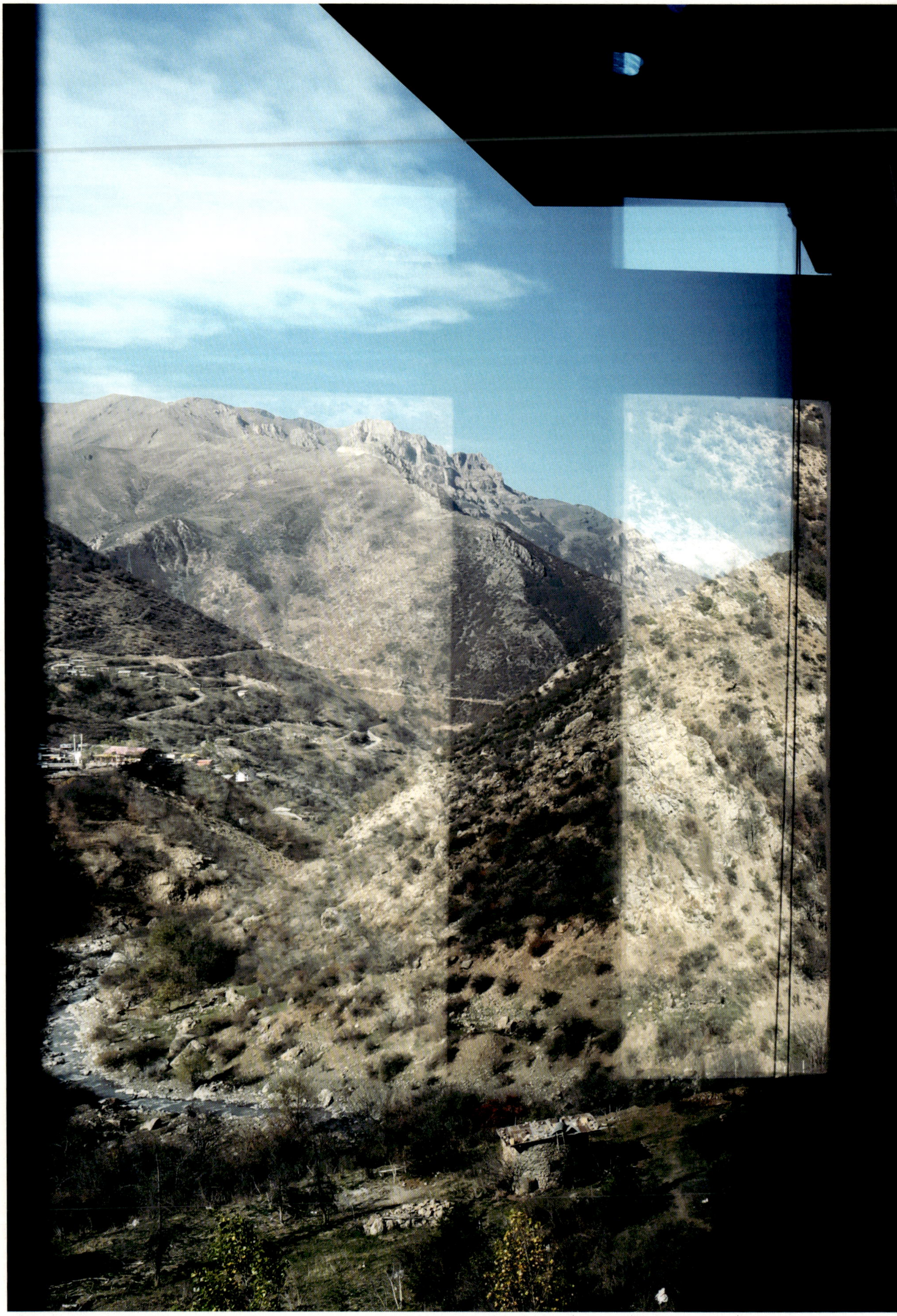

III. Le pays Kurde.

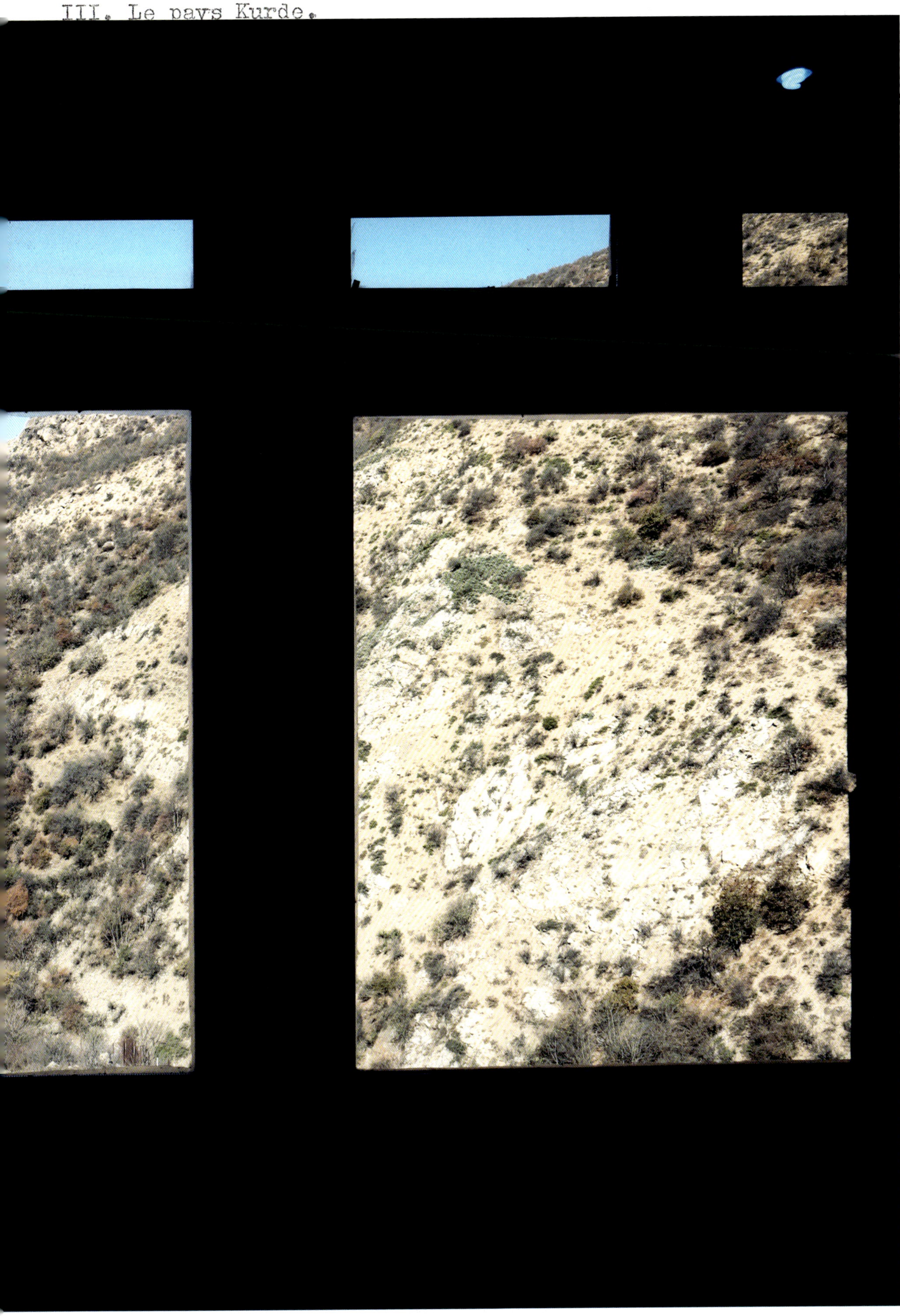

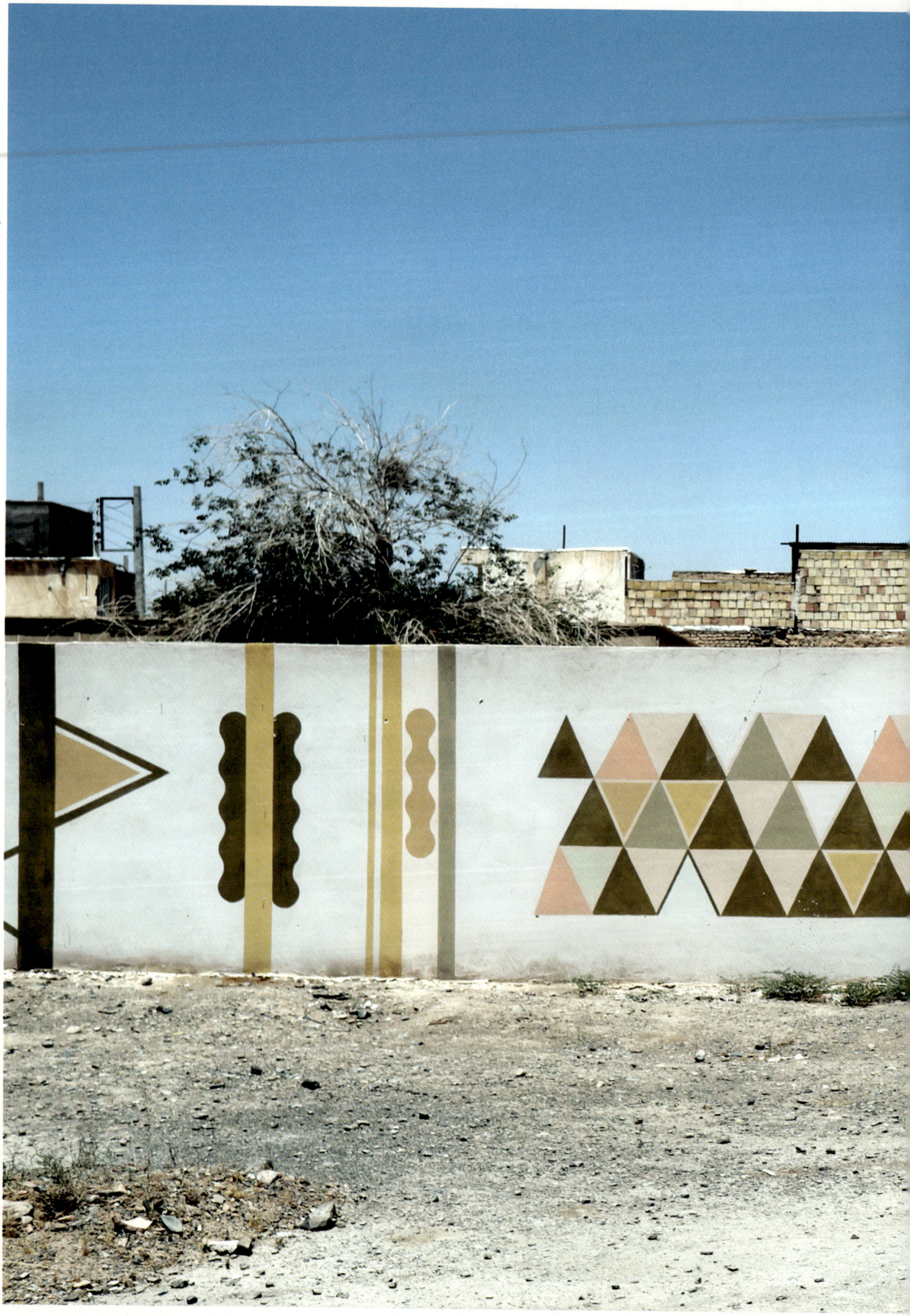

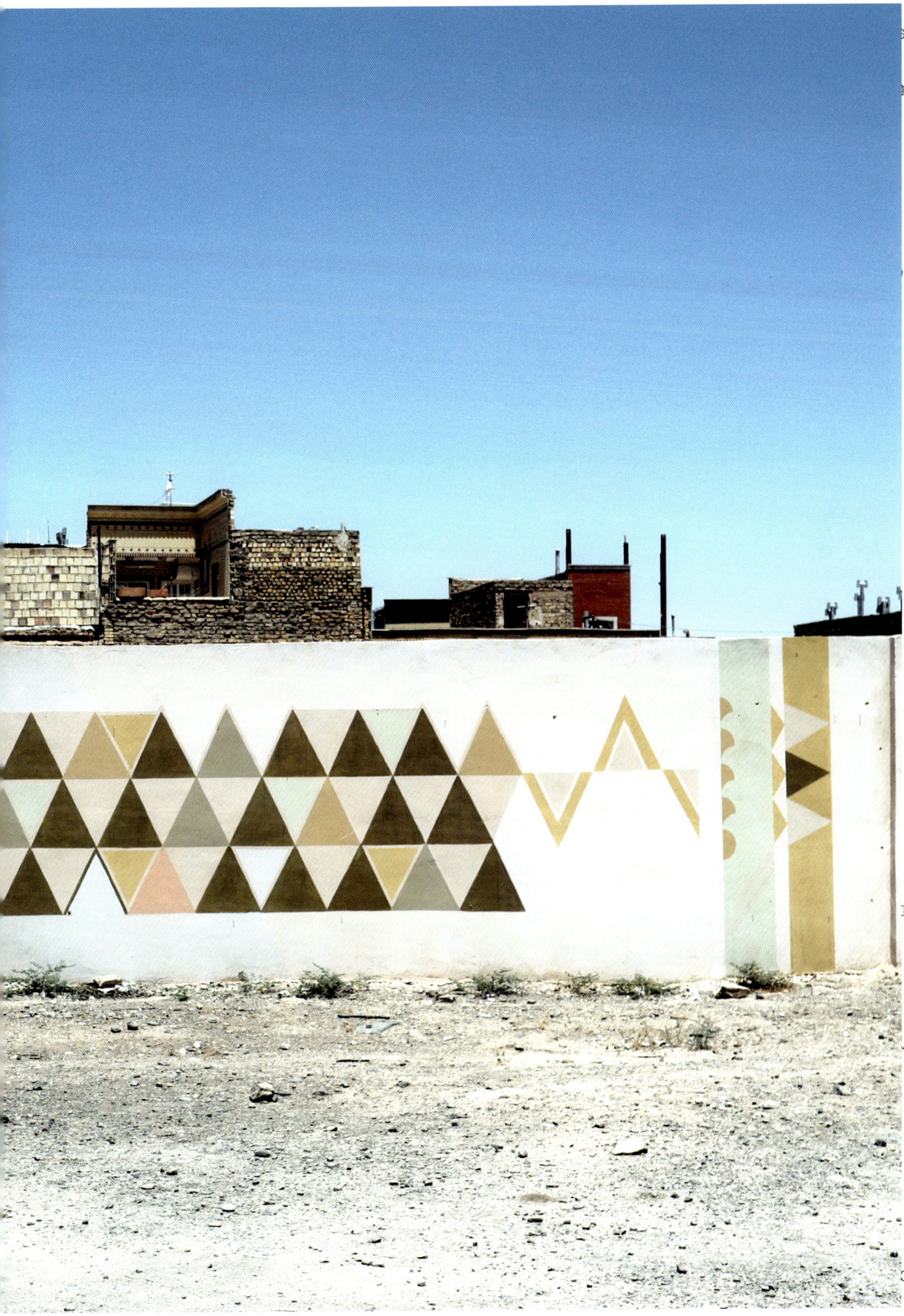

l'autonomie avait été promise aux Kurdes après la guerre 14-18

Depuis plus de 3.000 ans, es Kurdes se battent contre ous les peuples qui veulent es absorber. Ils descendent sans doute des Mèdes qui prirent Ninive au VIIe siècle avant Jésus-Christ, anéantissant ainsi l'empire assyrien. Cent ans plus tard, ils seront à leur tour vaincus par Cyrus le Grand, le roi des Perses.

- Hérodote fait mention des Kurdes. Xénophon parle des « Kardouques » qui ont semé pas mal d'embûches aux Dix Mille (Anabase).
- Saladin, qui le premier a rassemblé les peuples musulmans et a repris Jérusalem aux Croisés, était un Kurde.
- Pendant des siècles, ce seront l'Iran et l'empire ottoman qui les tiendront sous leur coupe. Mais des révoltes éclateront durant tout le XIXe siècle.
- Après la guerre de 1918, le traité de Sèvres qui avait réduit la Turquie à l'Anatolie et à Constantinople et sa banlieue envisagea l'autonomie du Kurdistan. Les Turcs réagirent militairement et cette idée dut être abandonnée au traité de Lausanne en 1923. Le partage du Kurdistan y était à nouveau consacré. Ce qui provoqua de graves révoltes kurdes. Toutes furent réprimées atrocement. En 1931, à Dersim, 50.000 femmes, vieillards et enfants kurdes périrent sur des bûchers dressés par les troupes d'Ataturk. Les puissances protestèrent. Mollement.
- A la conférence de San Francisco, en 1945, un mémorandum collectif sur le problème kurde fit l'objet de débats.

Aucune solution ne fut trouvée. Aussi le 15 mars 1946, une république nationale kurde fut proclamée en Iran. Elle se proposait de réunir tous les Kurdes. Son armée fut défaite par les Iraniens et son président pendu.

Plus de 12 millions de Kurdes sur un territoire de 500.000 km2 partagé entre 5 pays (Turquie, Irak, Iran, Syrie et U.R.S.S.)

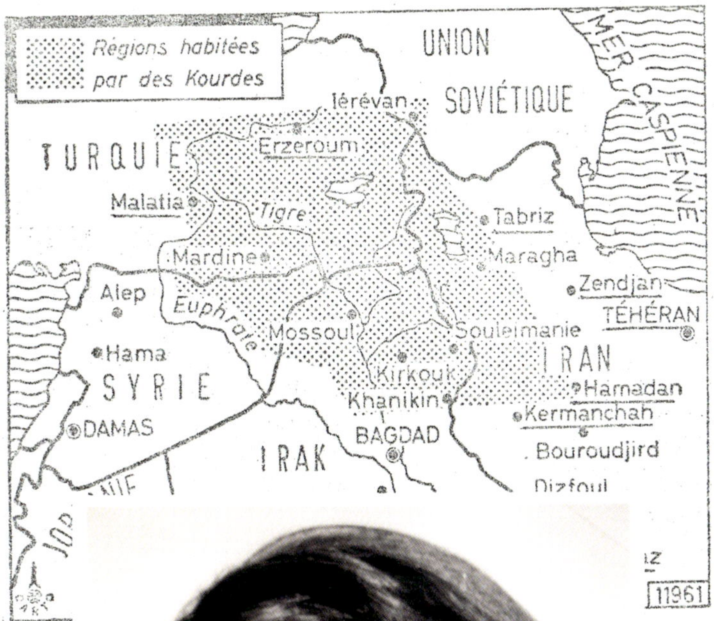

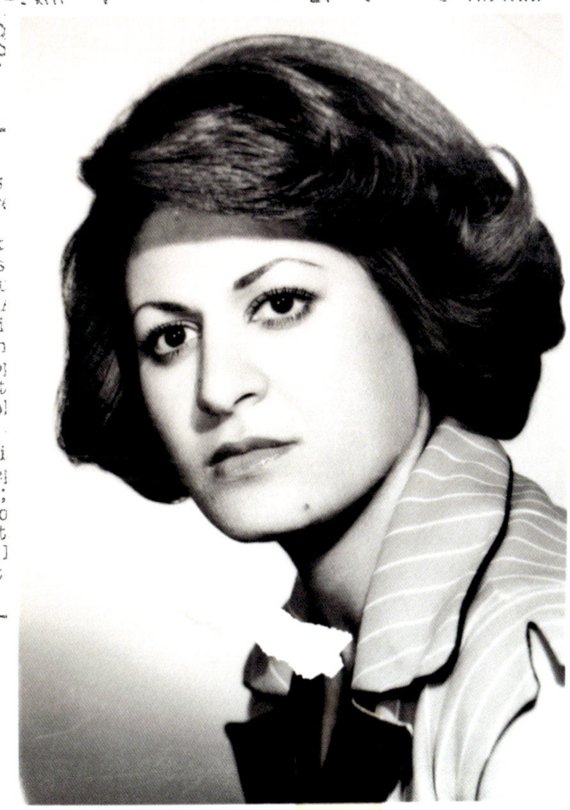

Les ... ritoir... tagé ... l'Irak ... Il es... au s... et d'... trémi... l'Iran ... Méso... est t... l'Eupl...

...ens et ...arenté ...ec les ...nt le ...mandji, ...squ'en ...à l'in... ...langue ...n.

...n mu... ...t à la ...s Ira... ...Kurdes ...ctueux ...games ...égales ...à ja-

Voi... se ré... quie ; ... millio... rie et ...

- ... cient ...

Lorsque deux amis sont loyaux l'un envers l'autre, Dieu est le troisième

Voici quelques proverbes kurdes :

- Un homme peut en valoir cent, mais cent ne peuvent en valoir un...
- Le monde est une rose ; respire-la et donne-la à ton ami..
- Le poignard est un frère, le fusil un cousin.
- Lorsque deux amis sont loyaux l'un envers l'autre, Dieu est le troisième.
- Aussi longtemps que le monde restera monde, le loup guettera la chèvre.
- Tant que tu n'auras pas vu l'enfer, le paradis ne sera pas assez bon pour toi.
- Le mauvais lion veut faire la guerre deux fois.
- Qui n'a pas le sentiment de l'honneur n'ira pas au paradis.
- L'ennemi du frère ... jamais l'ami du ...
- La nuit noire est la forteresse des braves, et les belles paroles le printemps des cœurs.
- Mieux vaut du sang aux mains que des dettes.

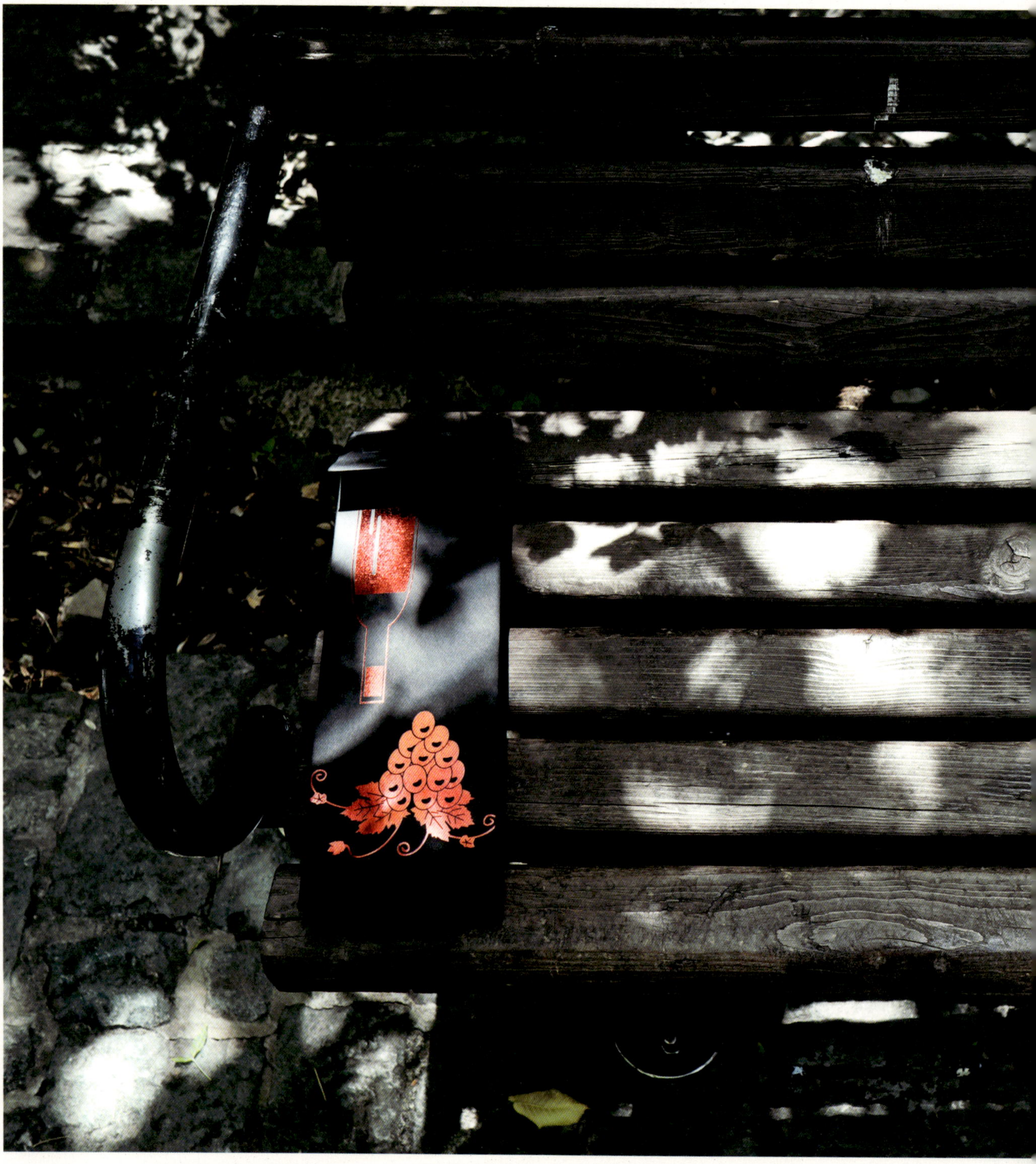

dans près de 40 cm de boue.Il nous faut plus d'une demi-heure pour quitter ce maudit chemin.Nous campons finalement un peu plus loin dans la banlieue d'Erzurum au milieu d'un terrain de football,là nous sommes en sécurité.

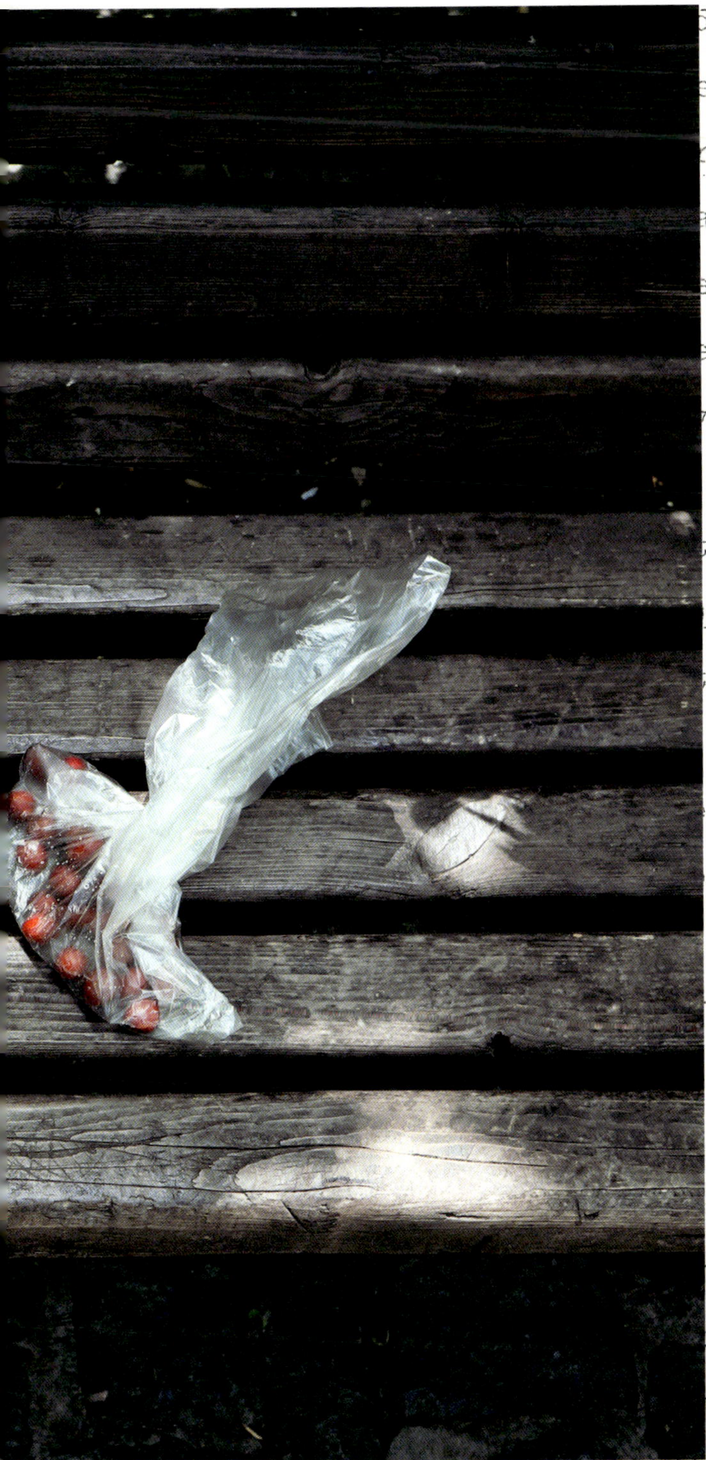

de souche indo-européenne,
sie à cheval sur la Turquie,
rie,appelée autrefois Kurdistan.
a présence des Kurdes dans cette
s historiens prétendent que ces
e ans avant Jesus-Christ. Xéno-
vant J-Ch)nous fournit une
ces tribus.Ensuite,ce sont les
toutes les caractéristiques
qui parmi les peuples du Proche-
le plus difficilement la

Kurdistan fut une terre
ire tourmentée.Dans chaque pays
uement indépendants; ils
raient au brigandage. Dès
r dans leurs affaires intérieures,
erre. Les massacres et les expédi-
eux furent sans résultats.
ure de rebelles et de voleurs.
rsuivit jusqu'à la première
uelques Kurdes cultivés fondèrent

un mouvement pour promouvoir l'idéal national de leur peuple et aspirer à l'indépendance. Malheureusement, les Turcs se livrèrent

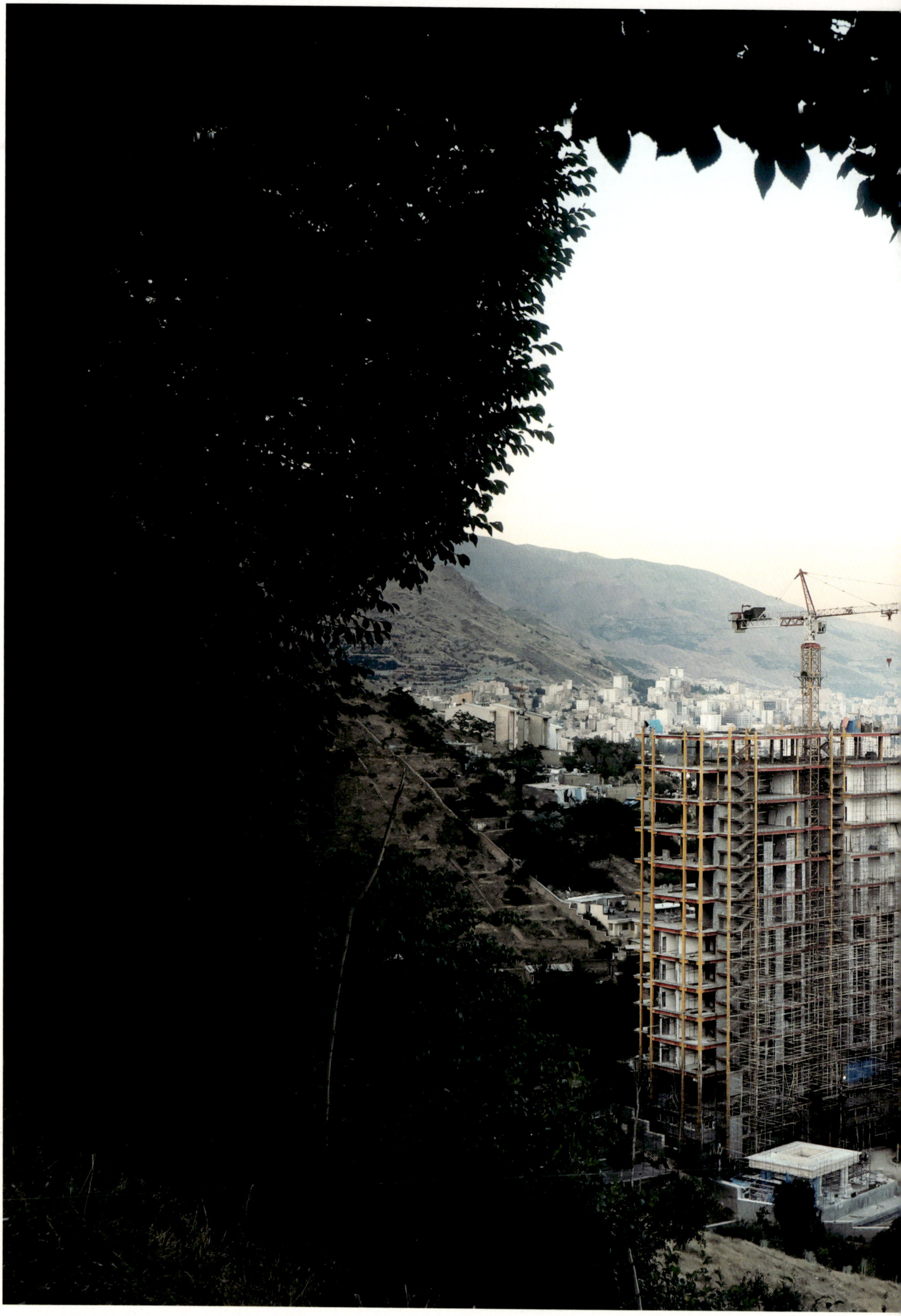

de 1920 à 1930 à une véritable épuration dans les tribus kurdes,

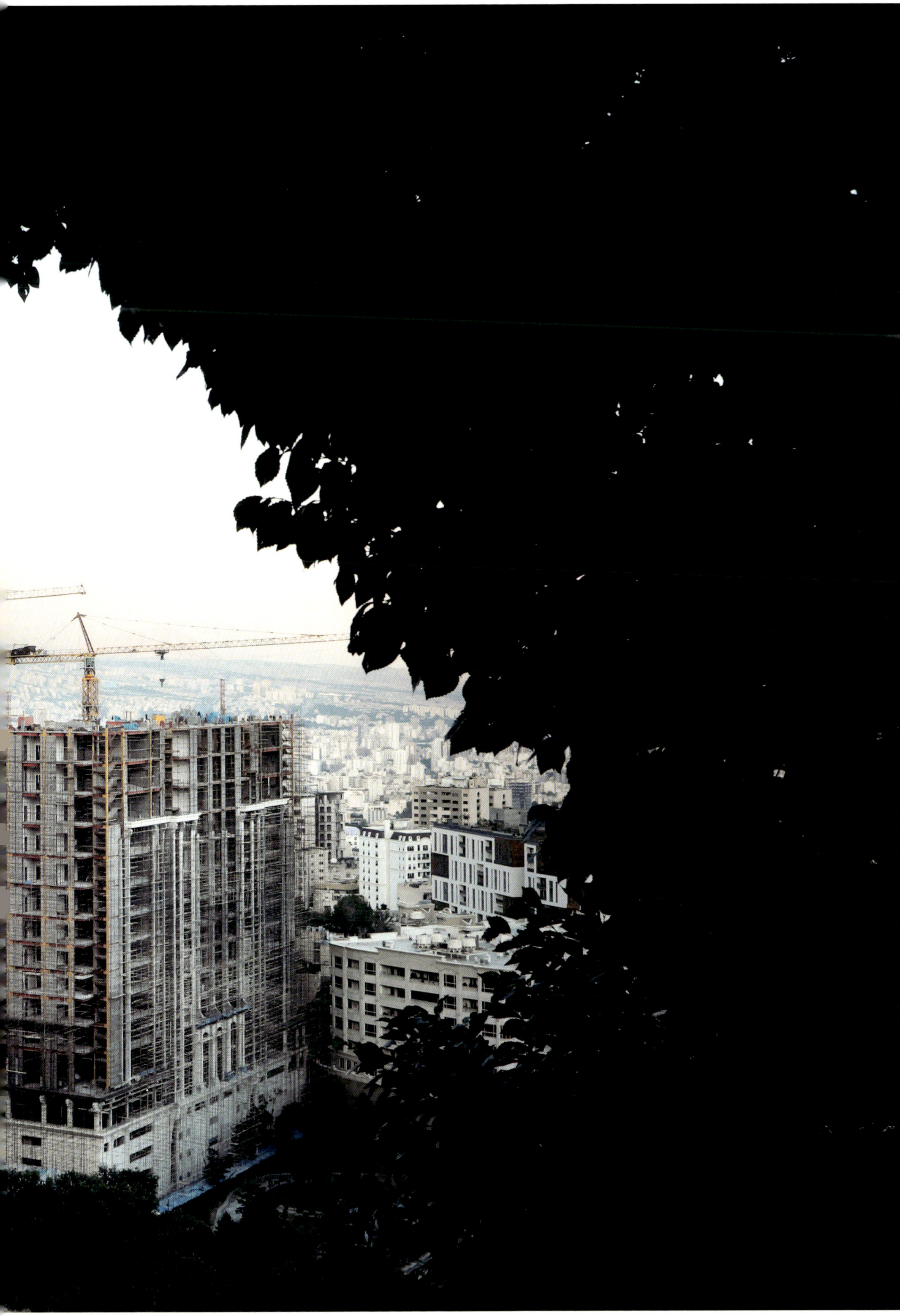

ux
rt
s sont
ée.
e bé-
s'en
a
s.
te
n
ns
s.
nne
es

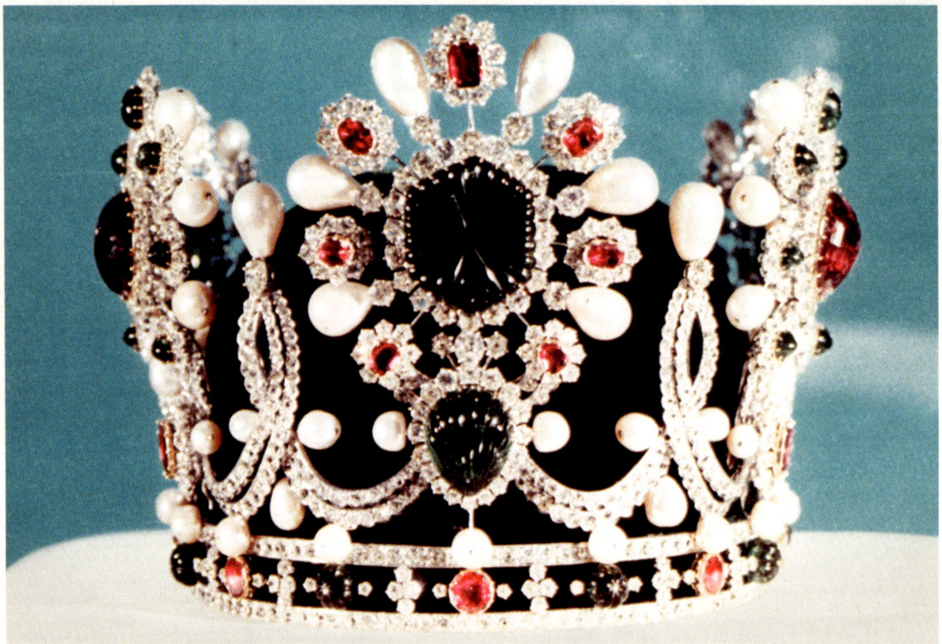

IV: IRAN, PAYS DES MILLE ET UNE NUITS.

Il est indiscutable que les premiers jours passés en Iran furent parmi les plus tourmentés du voyage. Nous arrivons à la frontière Iranienne vers 17h45, le dimanche 15 août. Du côté turc, il règne un calme plat: nous sommes parmi les tous derniers voyageurs de la journée. Les trois fonctionnaires turcs expédient les formalités en deux temps, trois mouvements, mais ils affichent une humeur massacrante. Au moment du passage proprement dit de la frontière entre

les deux pays, se ... ir que les
ormalités d'usa ... t une im-
ense cour, coupé ... é pratiquée
ans ce mur pour ... ais elle est
arrée par deux ... ous ne
ouvons passer q ... paissent
imultanément le ... ostées de
haque côté de l ... : nous
ommes restés un ... ir des
eux officiers, q ... même temps
ur la ligne de ... eaucoup
lus du côté ira ... ourire.
n seul exemple ... :la trans-
ription de nos ... comprendre
ue nous nous app ... ref, les
ormalités ont du ... ge d'une
eure et demi ent ... mi quand
ous quittons le ... la tente

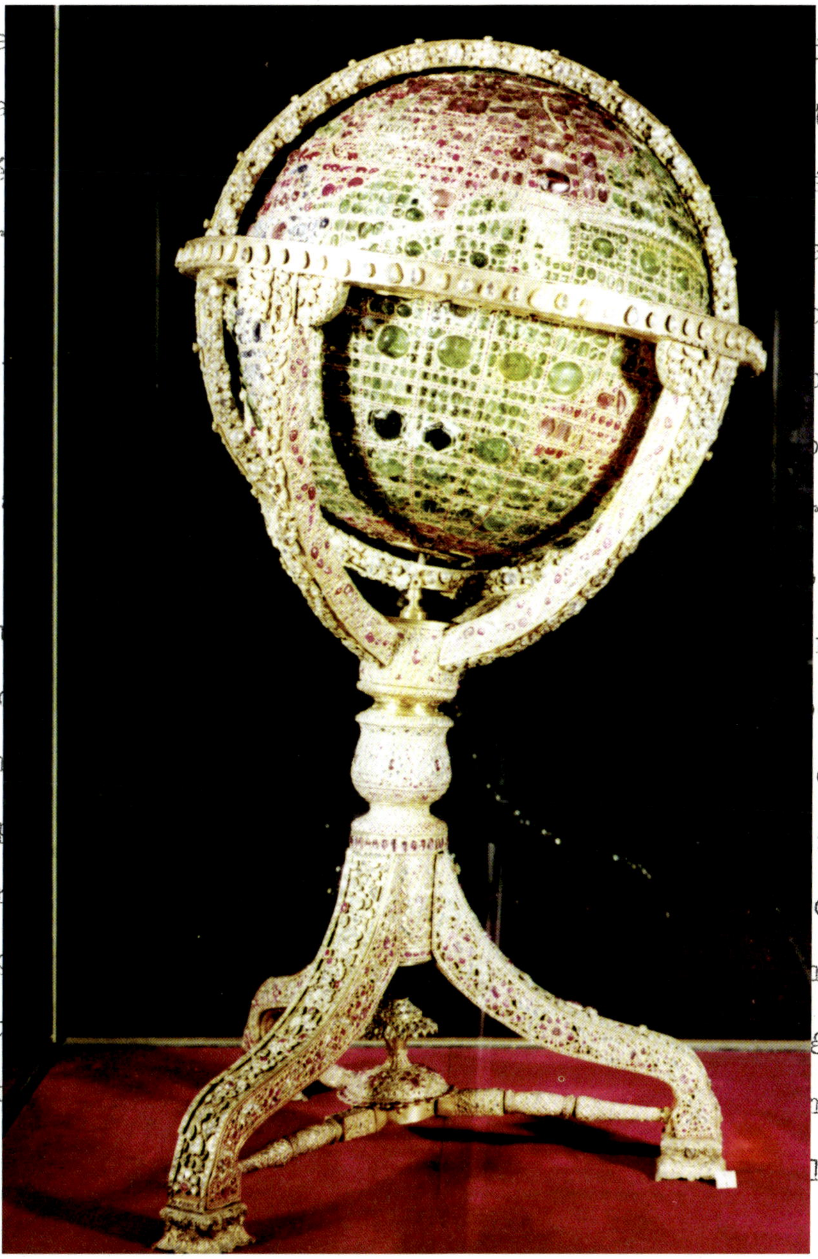

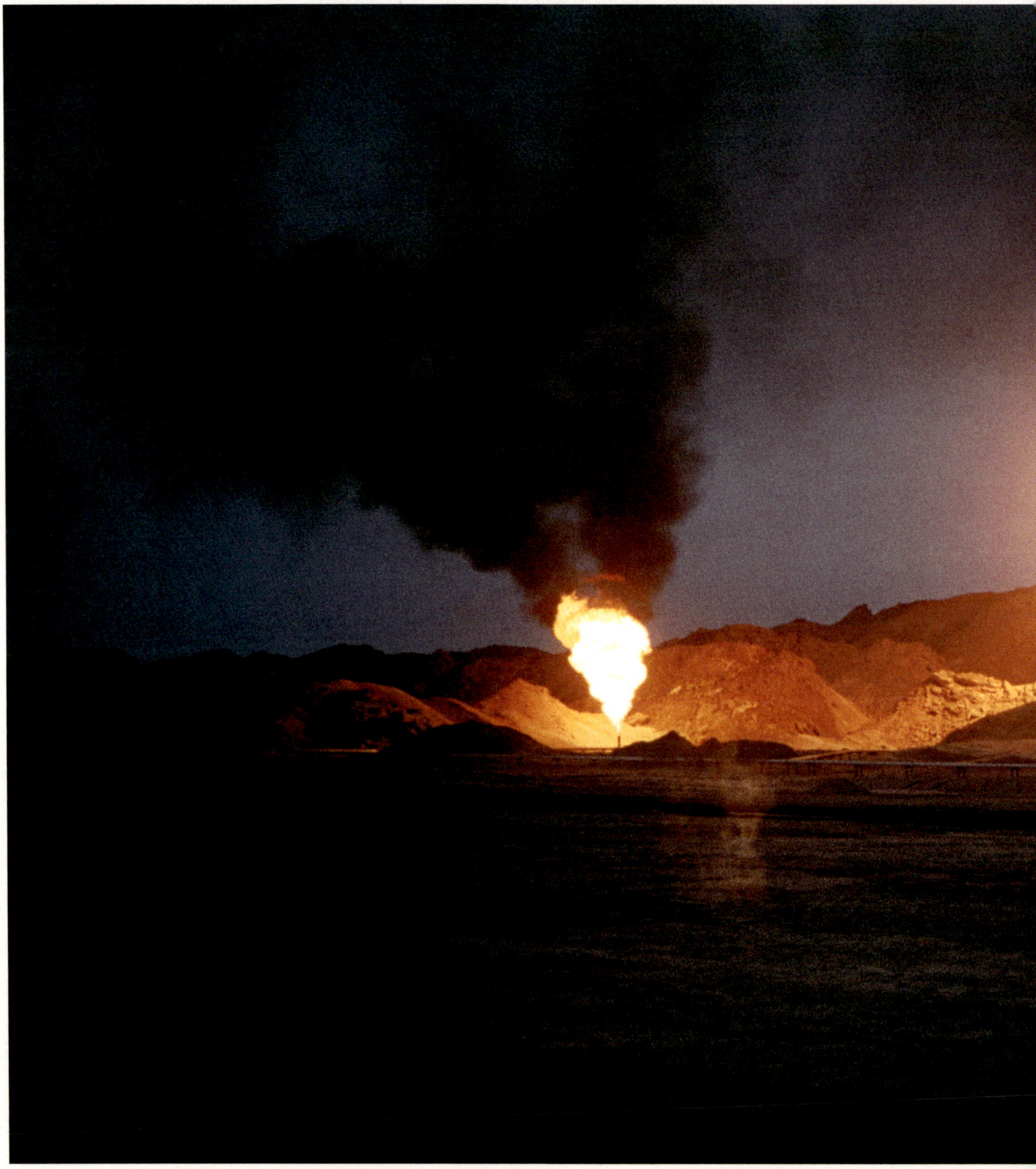

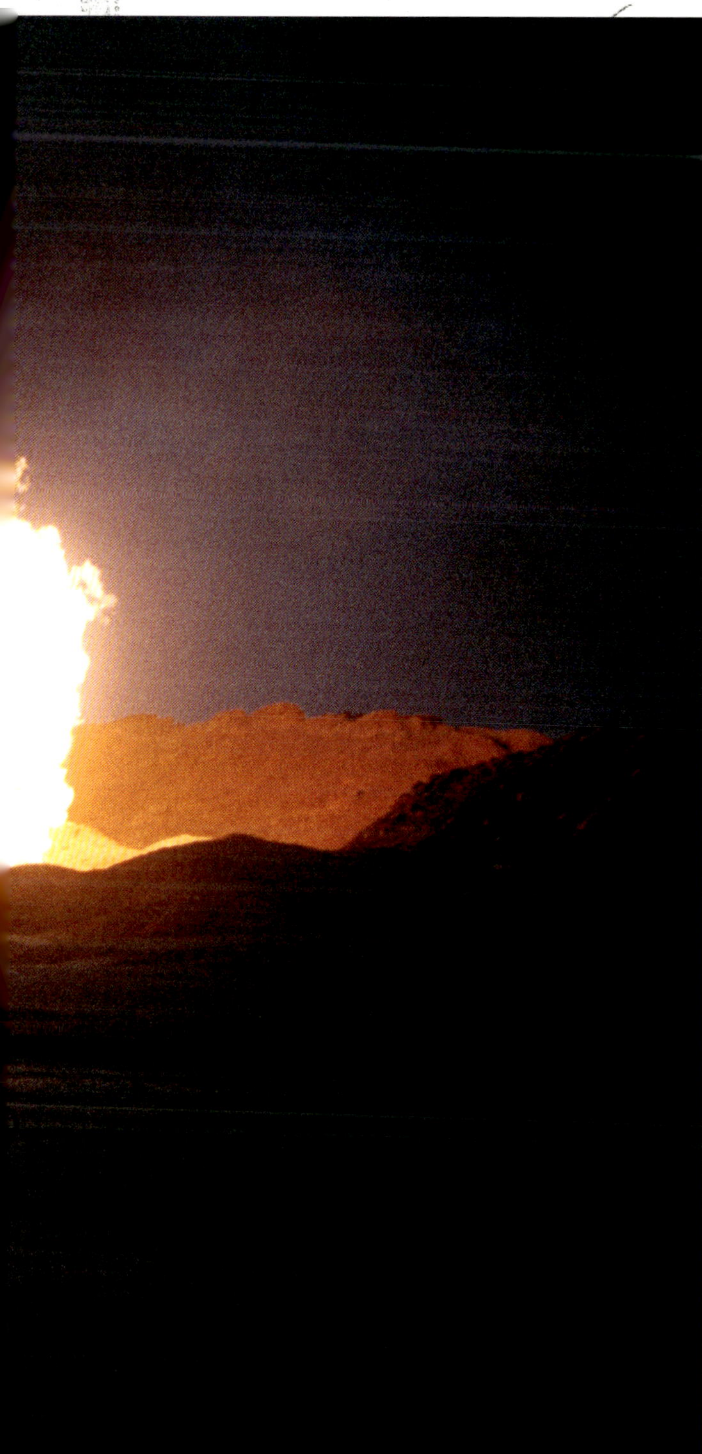

بیمه‌نامه اتومبیل

بیمه‌نامه شماره

شعبه

نمایندگی

شرایط خصوصی

بیمه‌گزار

نشانی

شرکت سهامی بیمه ایران طبق پیشنهاد مورخ

وکلیه ضمائم آن ، وسیله نقلیه موتوری با مشخصات زیر را در

حادثه ـ آتش سوزی ـ دزدی کلی بمبلغ

و مسئولیت مدنی درمقابل اشخاص ثالث بمبلغ

برای مدت ... که از ظهر روز

منقضی میشود بیمه میکند

مشخصات وسیله نقلیه موردبیمه :

نوع وسیله نقلیه ... مورد استعمال

نوع اطاق ... ظرفیت

شماره موتور ۵۲۹۲۸۸۲ شماره شاسی

ساخت ... سال ساخت

فرانشیز : فرانشیز خسارت جزئی

فرانشیز خسارت کلی

حق بیمه :

ملاحظات :

مورخ ۱۳۵۵/۵/

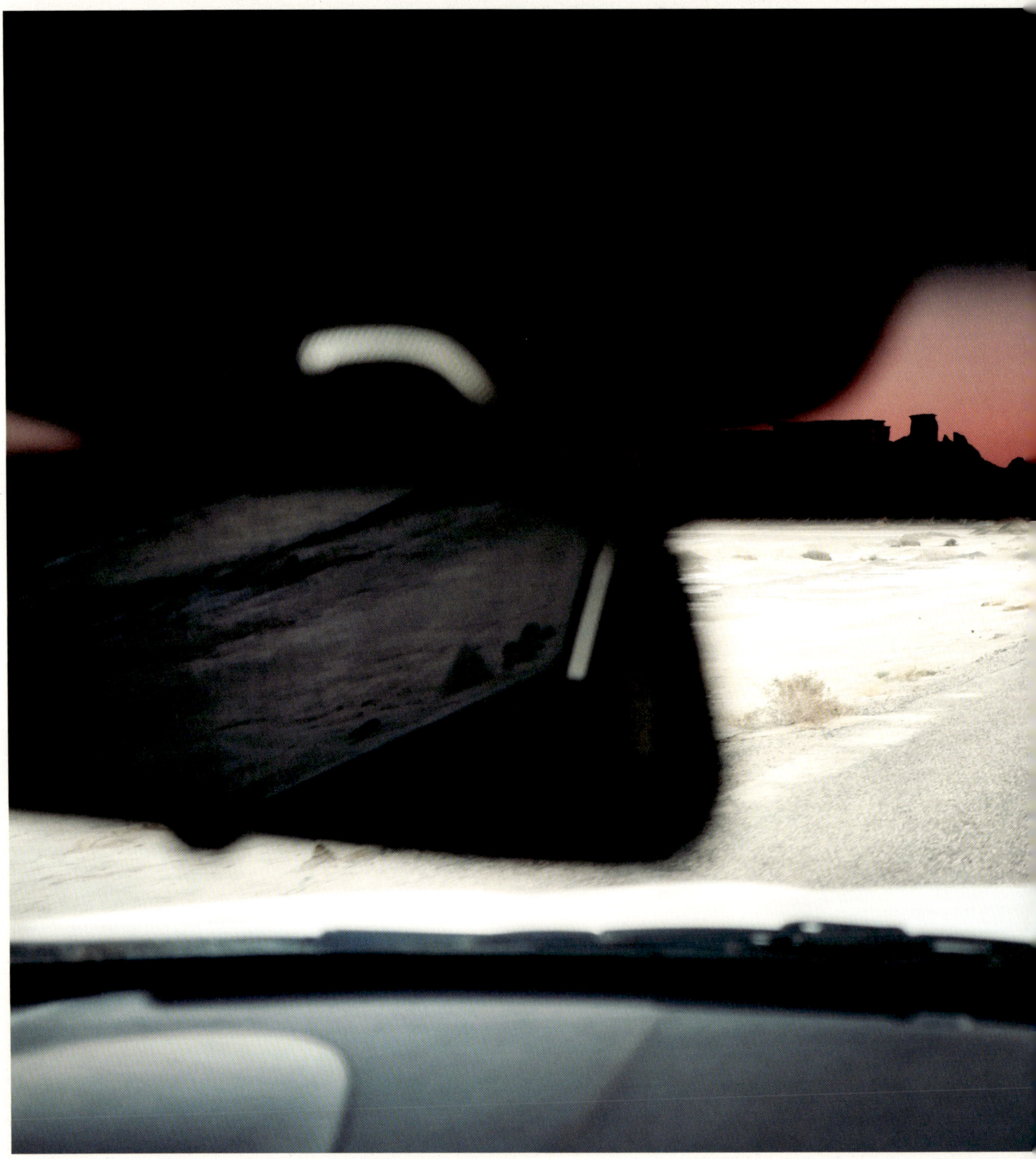

بیمه‌نامه شماره ....

تاریخ صدور ....

شعبه ....

نمایندگی ....

شرایط خصوصی

بیمه‌گزار : ....

نشانی بیمه‌گزار : ....

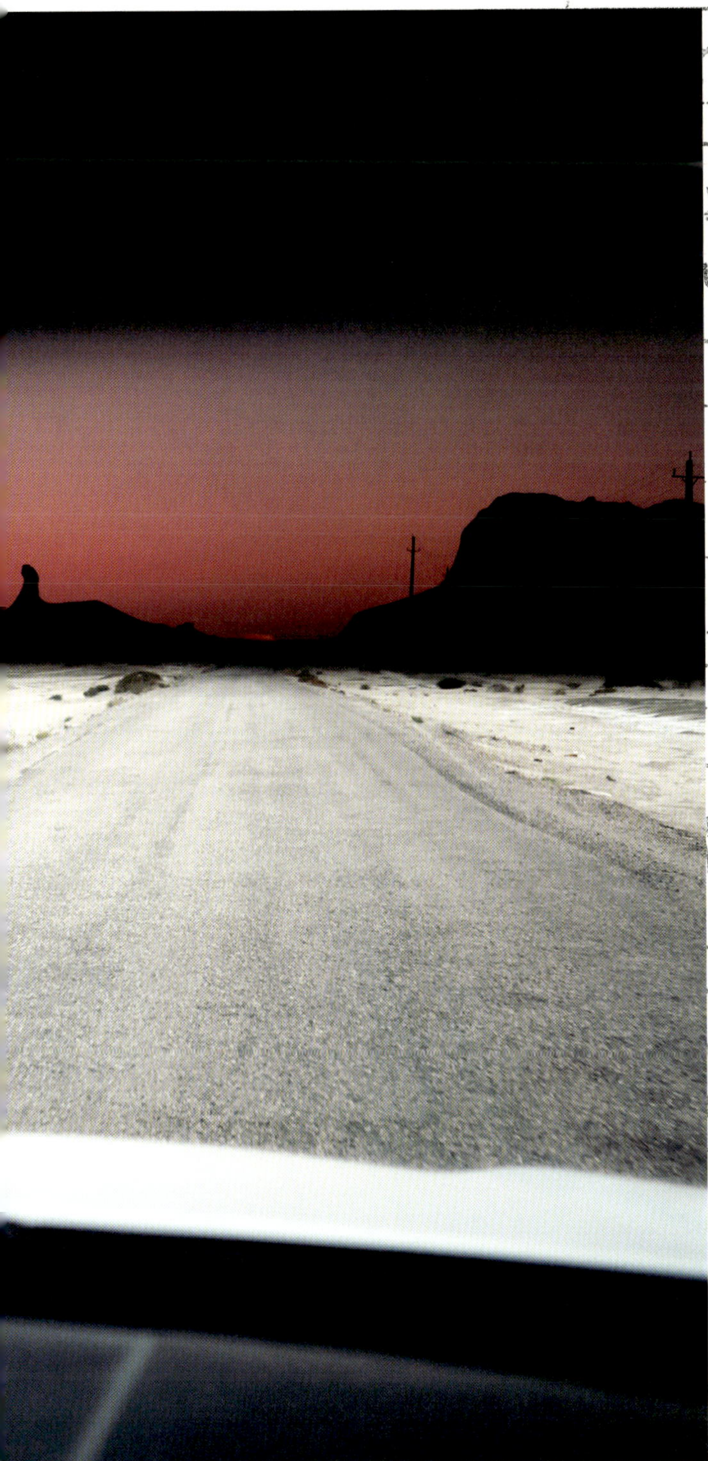

شرکت سهامی بیمه ایران براساس پیشنهاد مورخ ....

دارنده وسیله نقلیه موتوری زمینی با مشخصات زیر را در مقا

نوع وسیله نقلیه ....

شماره موتور ....

ساخت ....

ظرفیت مسافر یا بارگیری مجاز ....

مورد استعمال ....

مدت این بیمه .... است که از ظهر روز ....

منقضی میشود.

خسارت بدنی یکنفر در

تعهدات بیمه‌گر : خسارت بدنی چند نفر درح

خسارت مالی در هرح

مبلغ حق بیمه .... ریال می باشد

بیمه‌گزار :

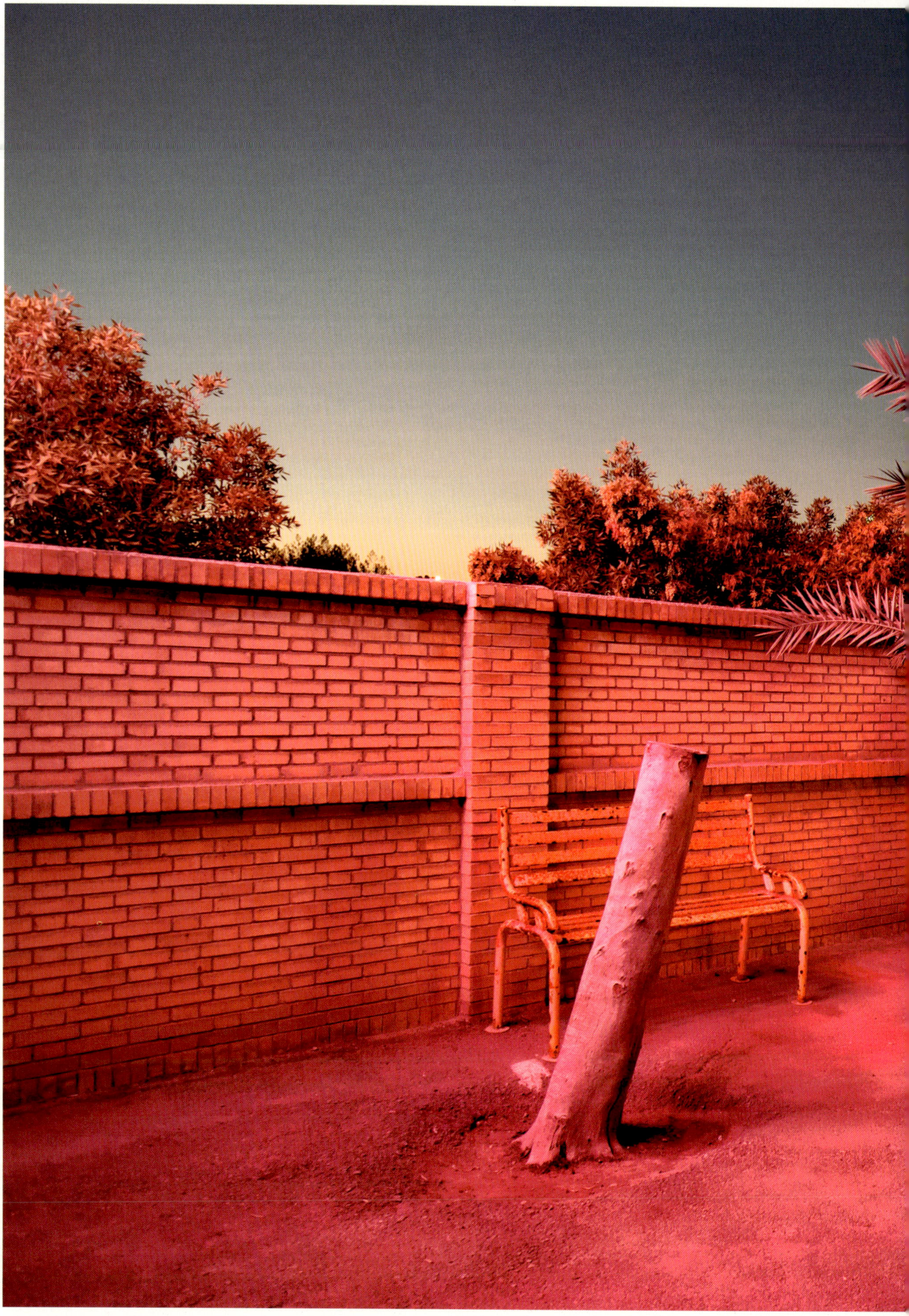

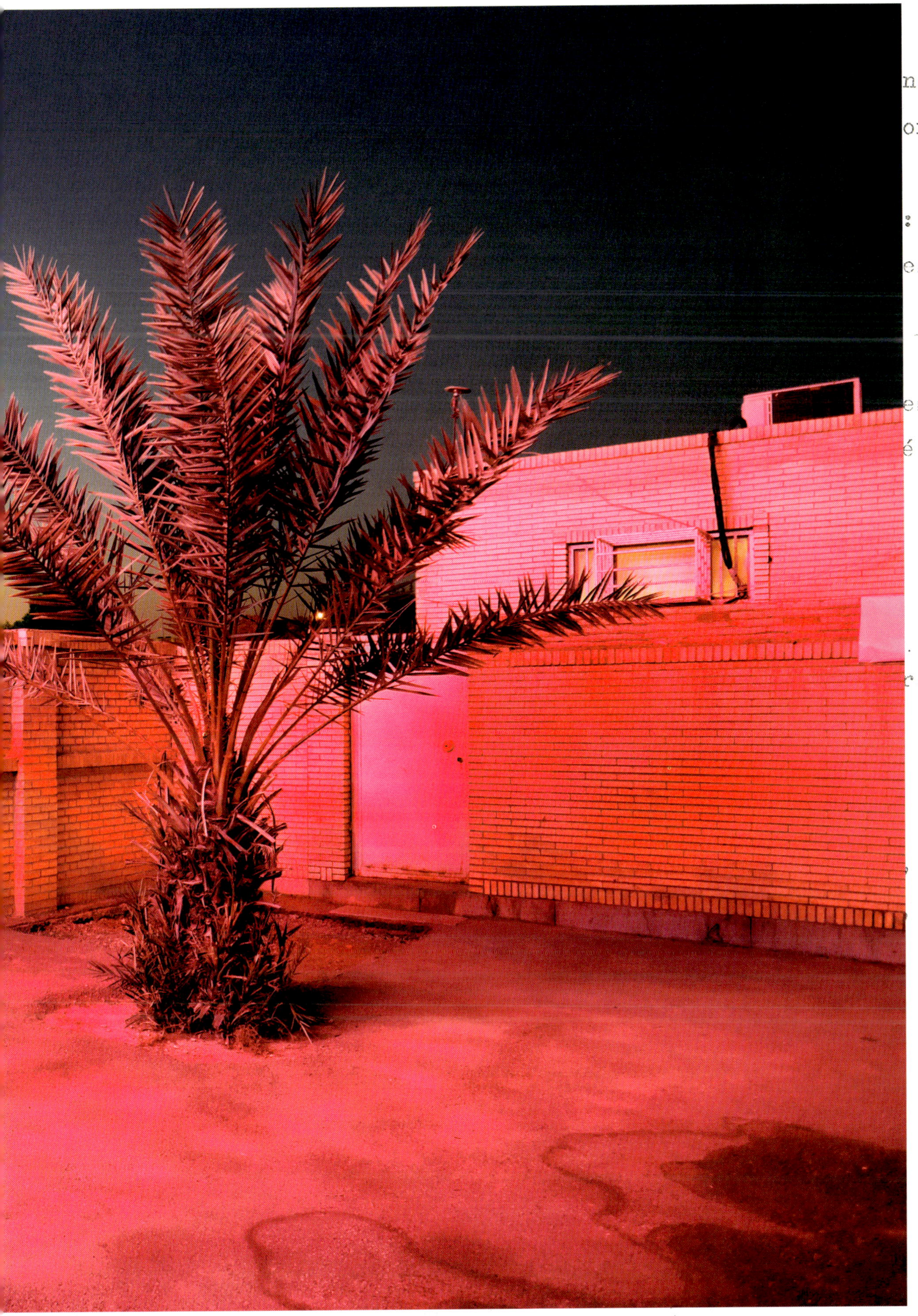

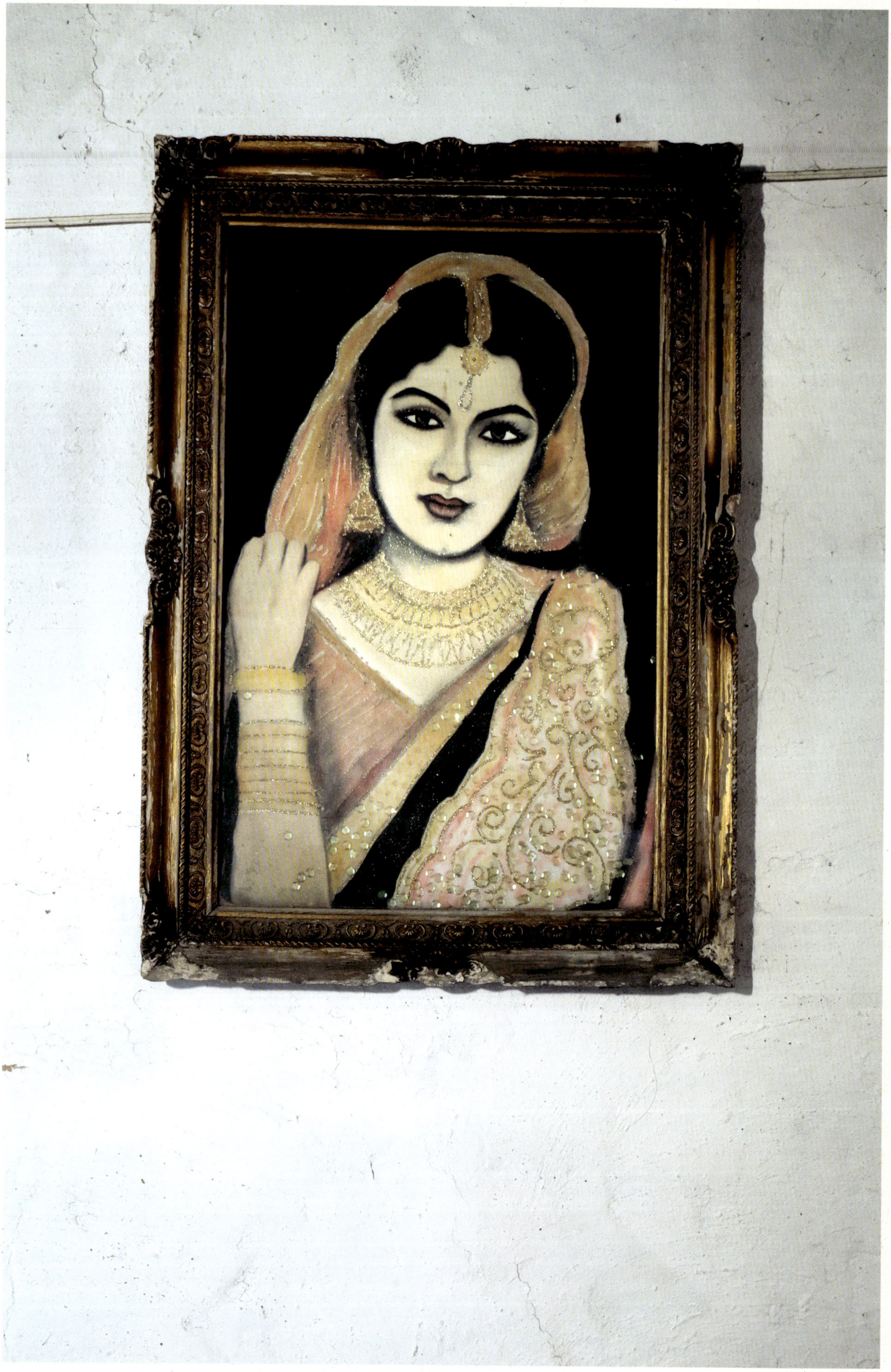

troi
étud
fron
neur
nous
bien
deux
sépa eux
ouvr
un p
trou

vict
le f
tapi
somm
prom eux
notr
80 k
midi
défl
avec
couv
ou m i.
Nous
atti e.

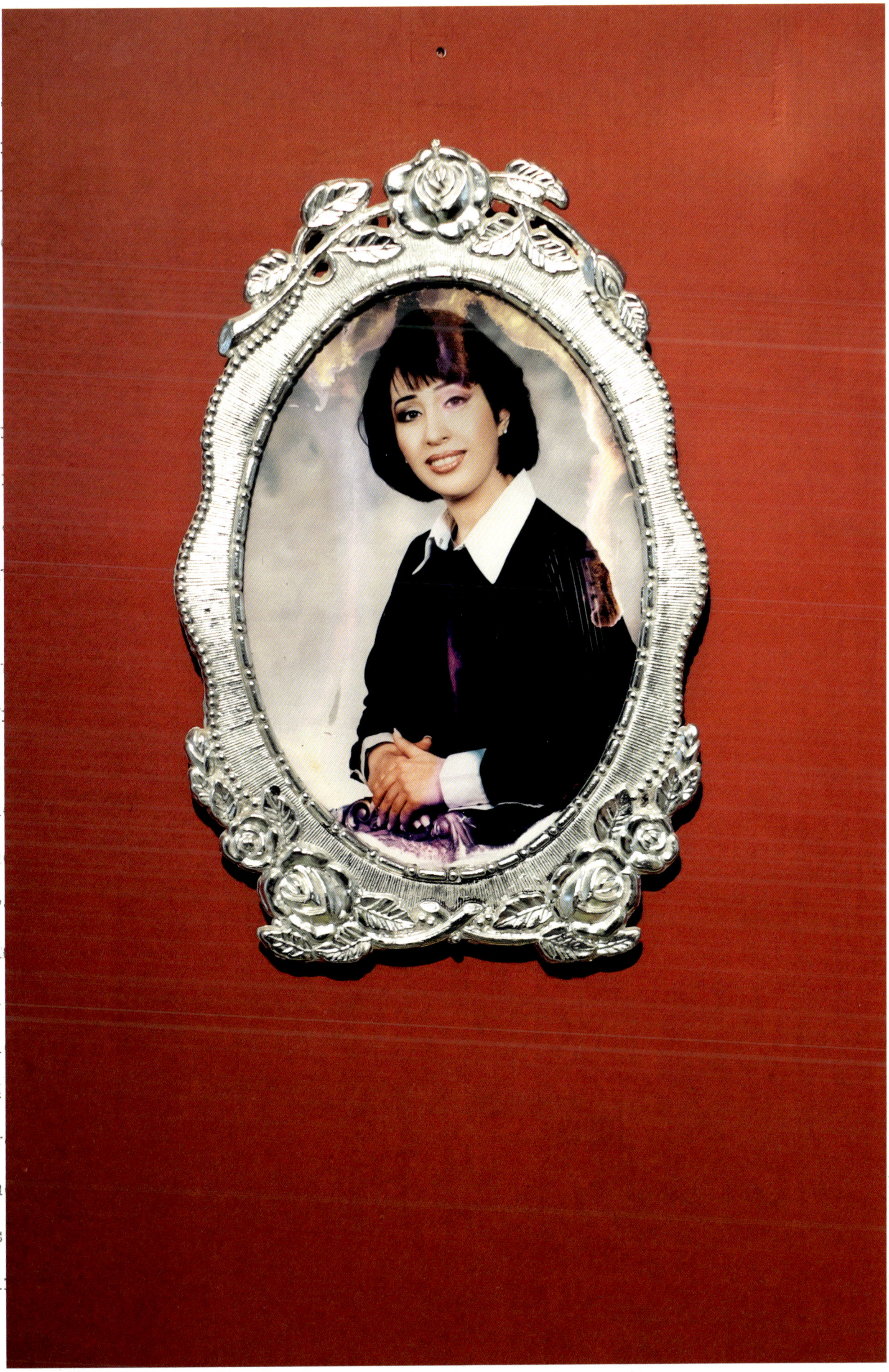

DE LA PERSE A L'IRAN : LES GRANDES DATES

1. Au milieu du VIe siècle (a.J.-C.), deux empires se partagent ce qui est aujourd'hui une partie du Moyen-Orient jusqu'à l'Inde (ce qu'on appelle Asie occidentale).

1. L'empire néo-babylonien (reconstitué et un peu caricature de la grande Babylone). Il comprend, de la Méditerranée au Golfe Persique, les actuels Israël, Liban, Syrie, Irak et une partie (nord) de l'Arabie Saoudite.

2. L'em... comparab... que l'em... (les deux... fiés sur l... assyrien), ... à l'Anatol... cidentale...

© ... rent... unité... asse... Méd... riste... l'em... (l'en... tué... pe...

L'équili... monde où... grandes c... mement ... la cohab... empires, ... ficiel, l'au...

D'où : ... tre les de... bilité con... guerre.

La posi... a PEUR... des, est ... occasion ...

Cette ... en 55.. a.... roi d'Ans... de l'empi... volte con... (son suze... Mèdes). ... bylonie, ... est venu; ... lature in... c'est-à-di... solennelle... cesseur ... riens du ... rien. De... n'imagine... vert la v... niment ... Mèdes, q... perte.

II) Cyr...

Il mène des campagnes ...lantes qui aboutissent, en 550, à la déposition d'Astyage, par ailleurs trahi par ses propres troupes. C'est la fin de l'empire mède, que remplace l'empire perse.

Personne n'a compris ce que signifiait cette victoire; outre la croyance à Babylone, que l'empire mède n'existe plus et qu'il n'y a plus RIEN à sa place, on assiste à une poussée du roi de Lydie Crésus qui s'empare de la Cappadoce.

Il suffit à peine de deux ans à Cyrus pour établir son nouvel empire et songer à en élargir les limites. En 548, il commence sa campagne. Il va frapper sur deux fronts et de manière inattendue. D'abord, il attaque les provinces babyloniennes les plus proches de son empire (Zagros) qu'il occupe sans coup férir en profitant de la complicité de gouverneur de province qui trahit à son profit.

L'armée babylonienne se concentre au nord de Sippar et se prépare à faire face à ...

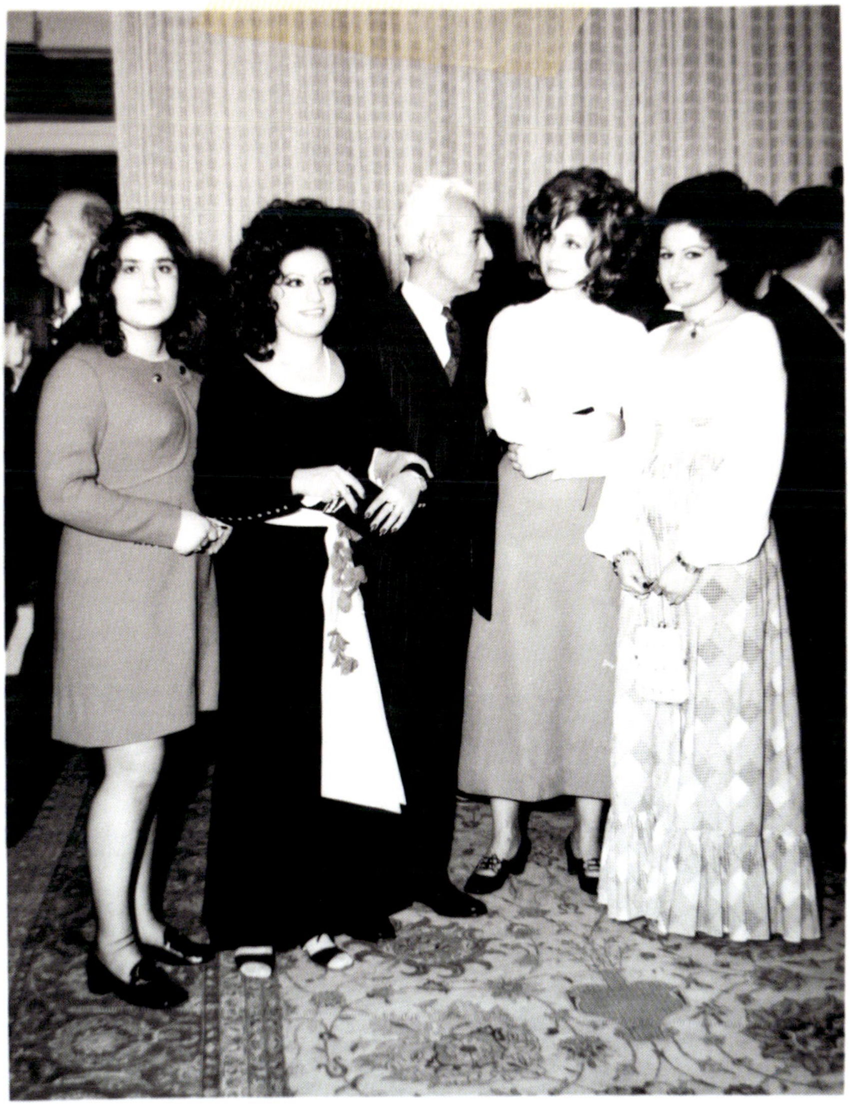

© L'empire perse naît avec Cyrus le Grand. Il s'effondre avec Alexandre le Grand. Deux grands conquérants, dont la particularité est d'être morts alors que leur œuvre n'était pas terminée.

La Babylonie tombe à l'automne 539, au cours d'une campagne foudroyante de Cyrus le Grand (un mois) : bataille d'Osis, reddition de Sippar, reddition de Babylone, capture de Nabonide à Borsippa et entrée de Cyrus à Babylone.

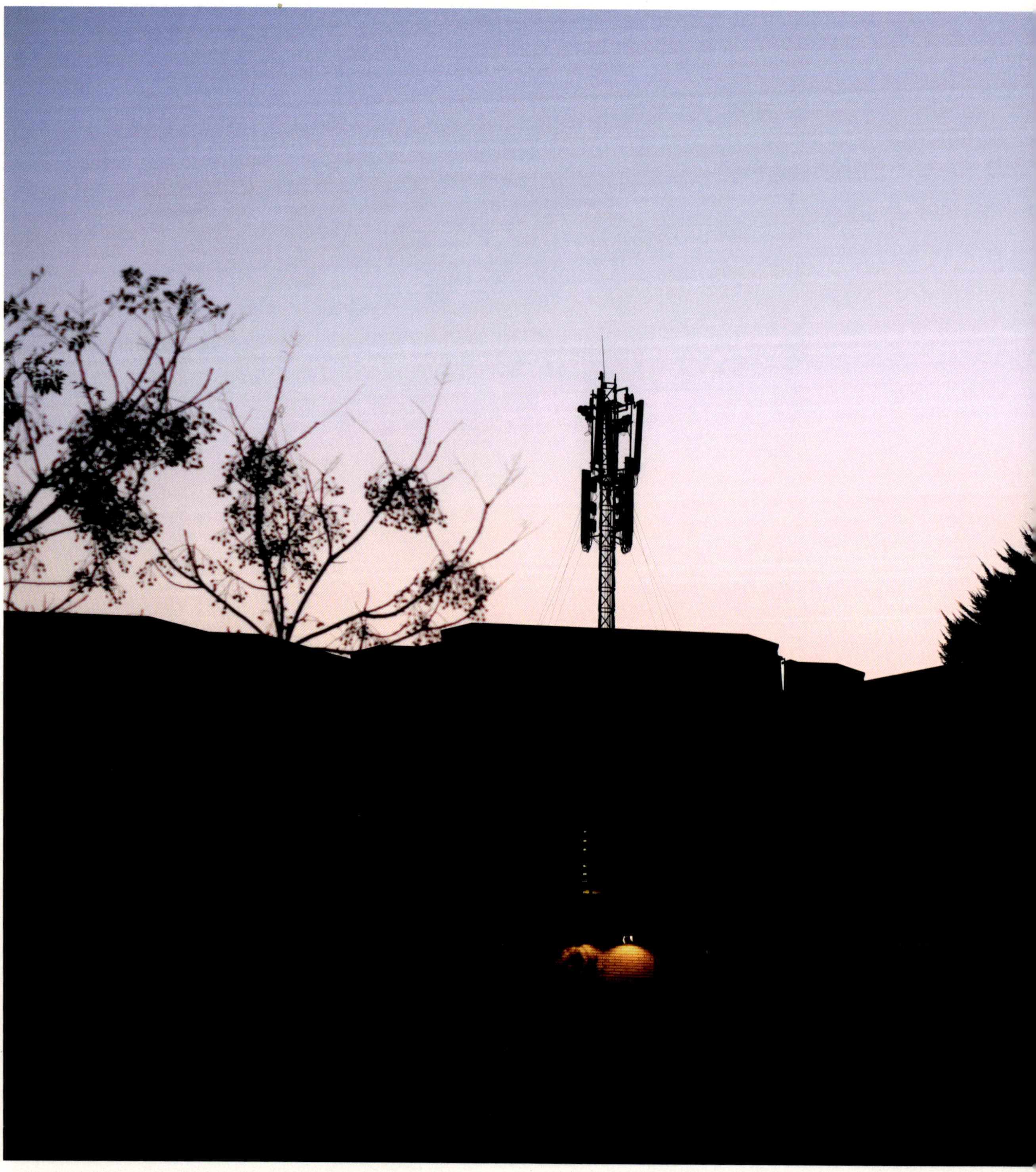

cheval au trot tire une charrette sur laquelle un homme dort à poings fermés. Le cheval passe évidemment les feux rouges sans aucun complexe. La visite de Tabriz est pour le moins décevante. Le musée archéologique est intéressant, sans plus. La mosquée bleue, dont

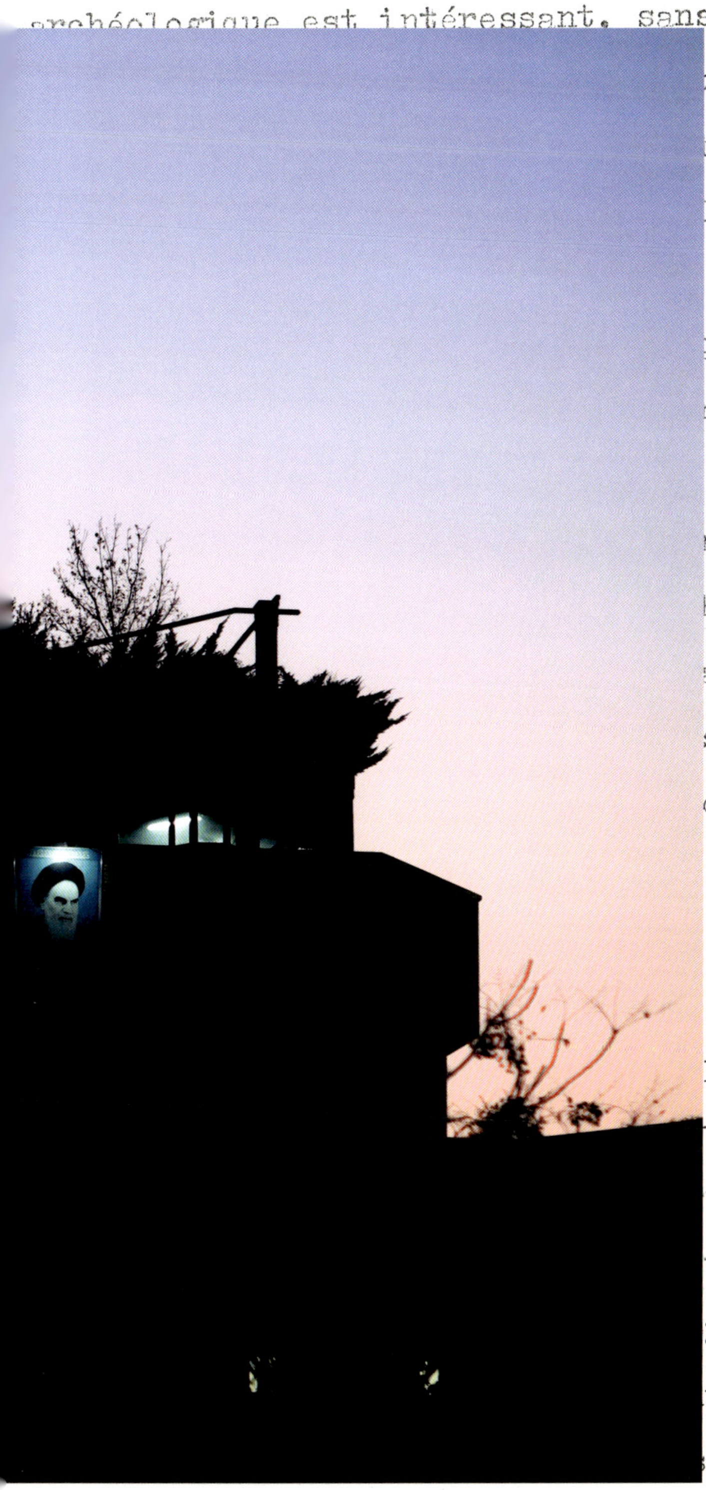

us les prospectus touristiques,
t plus qu'un amas de pierres,
De temps à autre, on peut aperce-
être une magnifique mosaïque
qui reste. La visite de Tabriz
révue, ce qui nous permet d'avancer
aussi bonne, mais elle serpente
nt de nombreux tunnels. A la fin
hommes assis le long de la route;
eu rouge. Nous n'y faisons guère
s entendons une explosion à
ouge nous annonçait simplement
la dynamite: nous l'avons échappé

la tente le long du lit à peu
profitons pour recueillir patiem-
ve. Pendant toute la soirée, il y
t que la toile de la tente se
vient. Le lendemain, nous repartons
yen de rincer la lessive dans si
us loin dans un autre torrent
le linge sur de grosses pierres

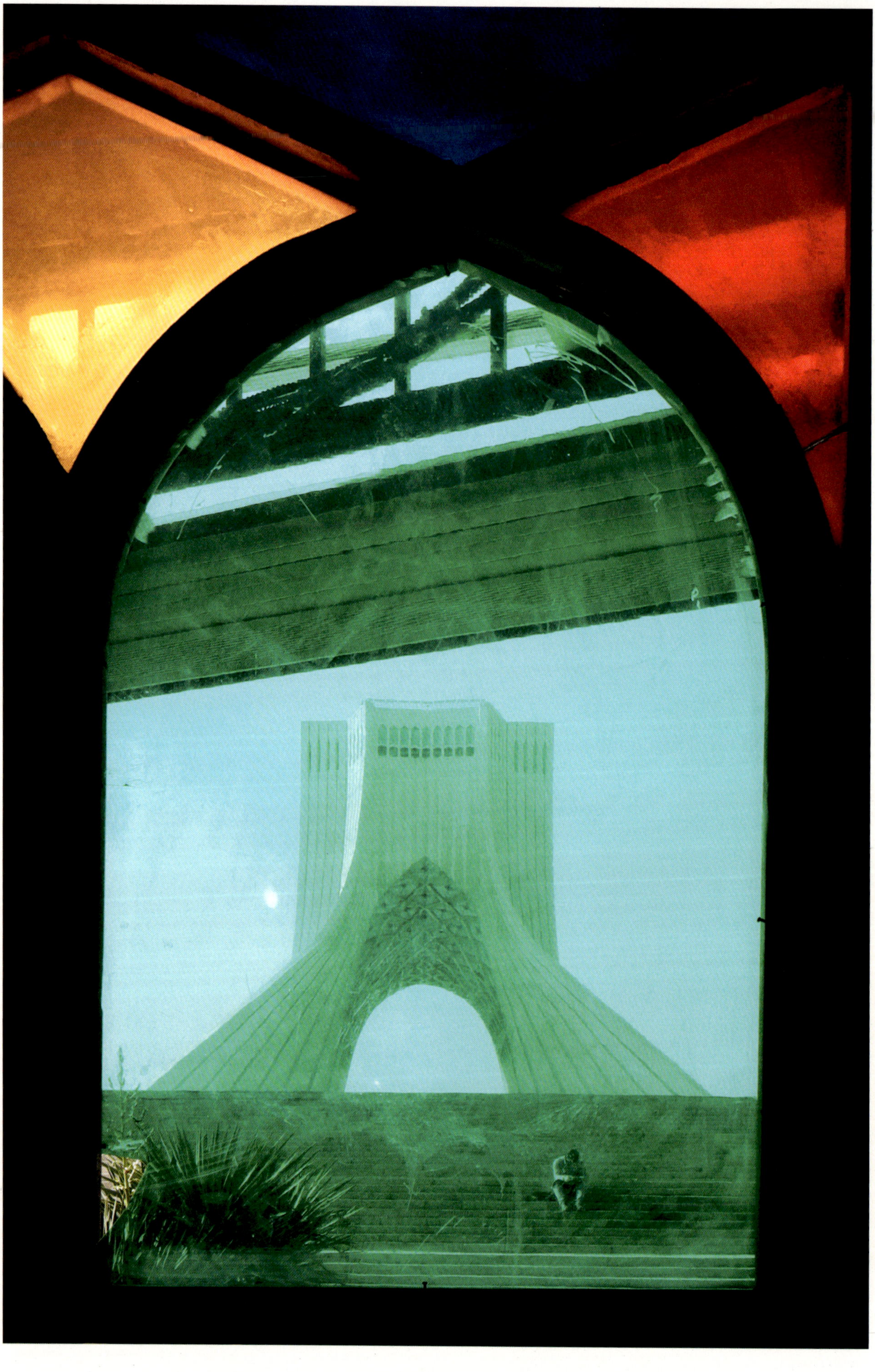

12 juillet 1971.

Anniversaire impérial à Persépolis

Faste et opulence au «Camp du drap d'or»

LE 15 octobre prochain, l'Iran célébrera le 2.500e anniversaire de la fondation de l'empire perse par Cyrus le Grand. Une ville de toile, surgie devant les ruines de Persépolis accueillera une cinquantaine de chefs d'Etat. Sur la terre brûlée de soleil, le Shah fera naître, à l'instar de ses pères, un conte des mille et une nuits...

L'empire perse existe en fait depuis plus de 7.000 ans : il est le plus ancien Etat de souche aryenne.

C'est pendant l'été de l'an 529 avant Jésus-Christ cependant que Cyrus le Grand a libéré son peuple de la domination des Mèdes, a unifié son pays, devenant ainsi le premier monarque de l'Empire perse. Ses conquêtes et son libéralisme lui ont valu son nom. Son « code de la guerre », dont les termes sont imprimés sur le « rouleau de Cyrus », conservé au British Museum de Londres, interdisait le pillage, ordonnait la libération des prisonniers, la reconstruction des maisons, et faisait [illegible] d'une étonnante tolérance [illegible] pour ce siècle ; il exi[illegible] le respect de tous les dieux, instituait l'égalité entre tous et la suppression de l'esclavage.

Dans ce même esprit, ses successeurs ont renvoyé les Juifs à Jérusalem et leur ont permis de reconstruire le temple...

Aujourd'hui, l'Iran se trouve, comme il y a 2.500 ans, à l'aube d'une vie nouvelle. Le Shah a su donner à l'Iran les structures économiques indispensables à un Etat décidé à sauvegarder dans la paix son indépendance politique.

C'est pourquoi le Shah désire marquer cette étape importante dans le développement de son pays par des manifestations fastueuses et des réalisations durables.

Des réalisations

Pendant trois jours, devant les ruines de Persépolis, le faste et l'opulence seront de mise pour accueillir les invités du Shah. Mais « les réjouissances ne représenteront qu'une petite partie des célébrations », a dit un porte-parole de la maison d'Iran. Infiniment [illegible]s importante sera l'inauguration de 2.500 écoles primaires, une [illegible] impériale.

[illegible] Téhéran, sera inauguré le stade le plus grand du pays, d'une capacité de 100 000 personnes. En même temps, 2.500 villages recevront l'électricité pour la première fois. Des hôpitaux ouvriront leurs portes...

Le site de Persépolis a été choisi pour des raisons historiques plutôt que pratiques. Là se trouvent les vestiges de la tombe et du palais de Darius, où celui-ci avait l'habitude de recevoir les grands de la terre.

On prévoit un énorme camp, dont les cinquante tentes, disposées en étoile, regarderont les cinq continents. La salle à manger d'apparat sera dressée sous une tente de 68 m de long. et 25 m de largeur. La toile extérieure aura la couleur du sable. Les murs intérieurs seront tapissés de faille bleue ; au plafond sera tendu un vélum de faille rose. La moquette de laine sera bleu et or.

Des dressoirs monumentaux, peints en trompe l'œil de faux marbre rose, orneront les pourtours de la salle à manger : ils seront prétextes à des buffets de natures mortes, de fleurs, de fruits... Les lustres de feuilles et fleurs artificielles éclaireront les deux dîners de gala et feront scintiller les ors des nappes brodées. La table, chantournée comme au temps de Louis XIV pourra accueillir une centaine d'invités. Au centre de la tente seront disposées 46 autres tables bleu pâle, et 400 sièges bleus.

La tente de réception est ronde, de couleur jaune paille, à larges raies bleu roy. A l'intérieur, les murs sont tendus de pourpre ; sur tout le pourtour sont accrochées des appliques de bronze et de cristal, de même matériaux que les lustres. C'est dans la tente de réception que seront aménagés les appartements impériaux.

Les tentes des invités seront dressées, comme nous l'avons signalé, sur le plan du pentacle, c'est-à-dire l'étoile à cinq branches qui représente une ancienne figure philosophique. Chacune de ces branches, représentant un continent, recevra dix tentes individuelles.

L'extérieur de ces tentes est identique, couleur du sable, à fond bleus, de façon à mieux se fondre dans le paysage, mais les cinquante tentes sont toutes différentes intérieurement, et aménagées selon les us et coutumes du pays des invités.

Chacune aura 13 m de diamètre et 3 m de hauteur, et comprendra un véritable petit appartement à cloisons réparti comme suit : un salon, deux chambres à coucher, deux salles de bain, une chambre de domestique avec douche, un dressing-room, une « kitchenette », avec un lit d'appoint pour l'aide de camp.

En outre, il y aura trois téléphones dans chaque tente, de manière que l'invité puisse correspondre directement et quand il lui plaît avec son pays.

Les ruines de Persépolis.

Un peu à l'écart, une tente-club rassemblera à leur guise les invités autour d'une table de jeu, d'une table de restaurant ou d'un bar. Cette tente, d'aspect extérieur identique au salon de réception, sera traitée intérieurement d'une manière résolument moderne. Au centre de l'étoile jaillira une fontaine...

Ce paradis va naître en un endroit où il n'y a rien, ni eau, ni électricité, ni la moindre habitation, et dont la ville la plus proche est située à 60 km.

La décoration florale

C'est à un Belge qu'a été confiée la décoration florale. Il a imaginé un environnement rappelant la perspective naturelle de la grande époque de Persépolis, par de grandes structures aériennes en forme de calices supportées par de grandes hampes de 10 mètres de haut et garnies de milliers de plantes et feuillages dans une fantasmagorie de couleurs.

Loin d'être éphémères, ces jardins seront maintenus après les fêtes pour permettre aux visiteurs iraniens et étrangers, de contempler Persépolis dans le cadre réel de sa splendeur passée. En effet, ces grandes charpentes en peuplier fleuries ont été inspirées par l'étude des bas-reliefs de Persépolis.

On prévoit que les fêtes et le décor coûteront près d'un milliard de francs. Ce sont les grandes familles iraniennes qui prennent en charge tous les frais. Le surplus, dit-on, sera payé par la cour persane.

Le « camp du drap d'or » sera par la suite confié au tourisme. Ainsi, cette prestigieuse réalisation recevra par la suite, des milliers de visiteurs qui, à leur tour, pourront admirer 2.500 ans d'histoire...

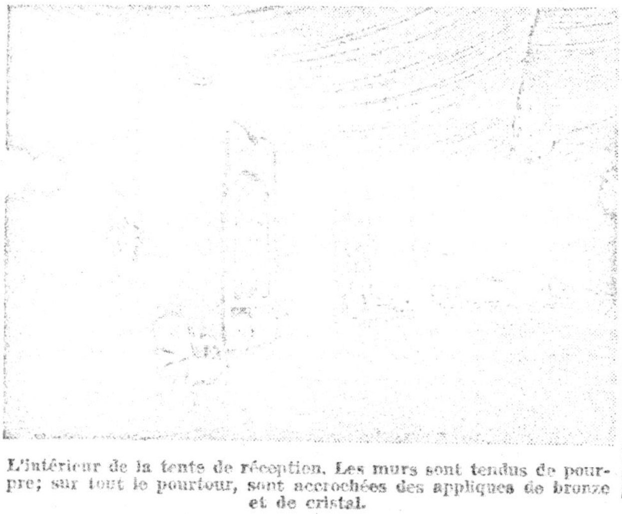

L'intérieur de la tente de réception. Les murs sont tendus de pourpre; sur tout le pourtour, sont accrochées des appliques de bronze et de cristal.

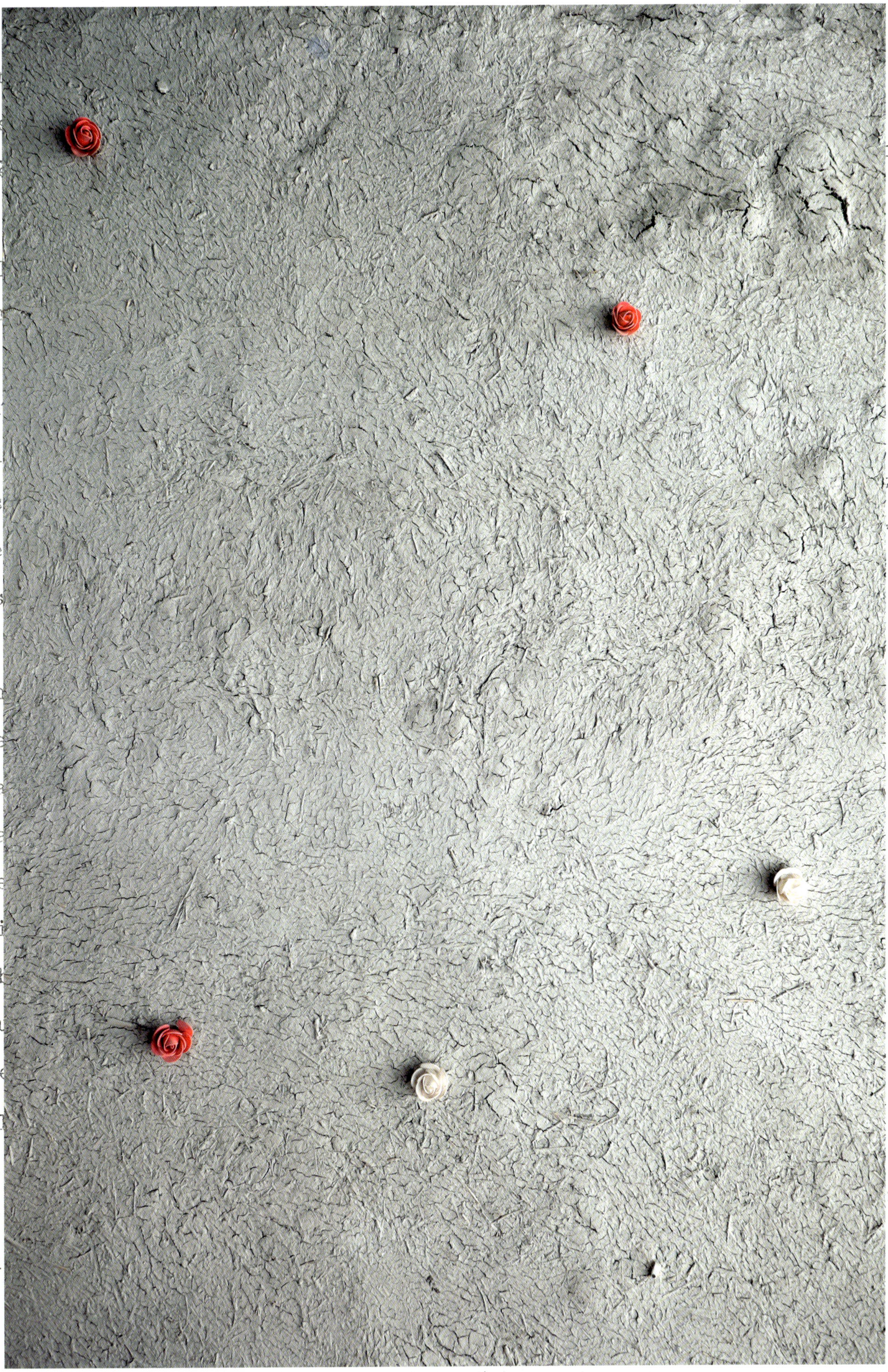

et
pass
epr
une
pro
pre
tou
rou
pou
dis
que
des
se
Téh
Ces
cha
l'a
des
évi
tal
plu
vie
ap
la
le
au

re
is
re
s

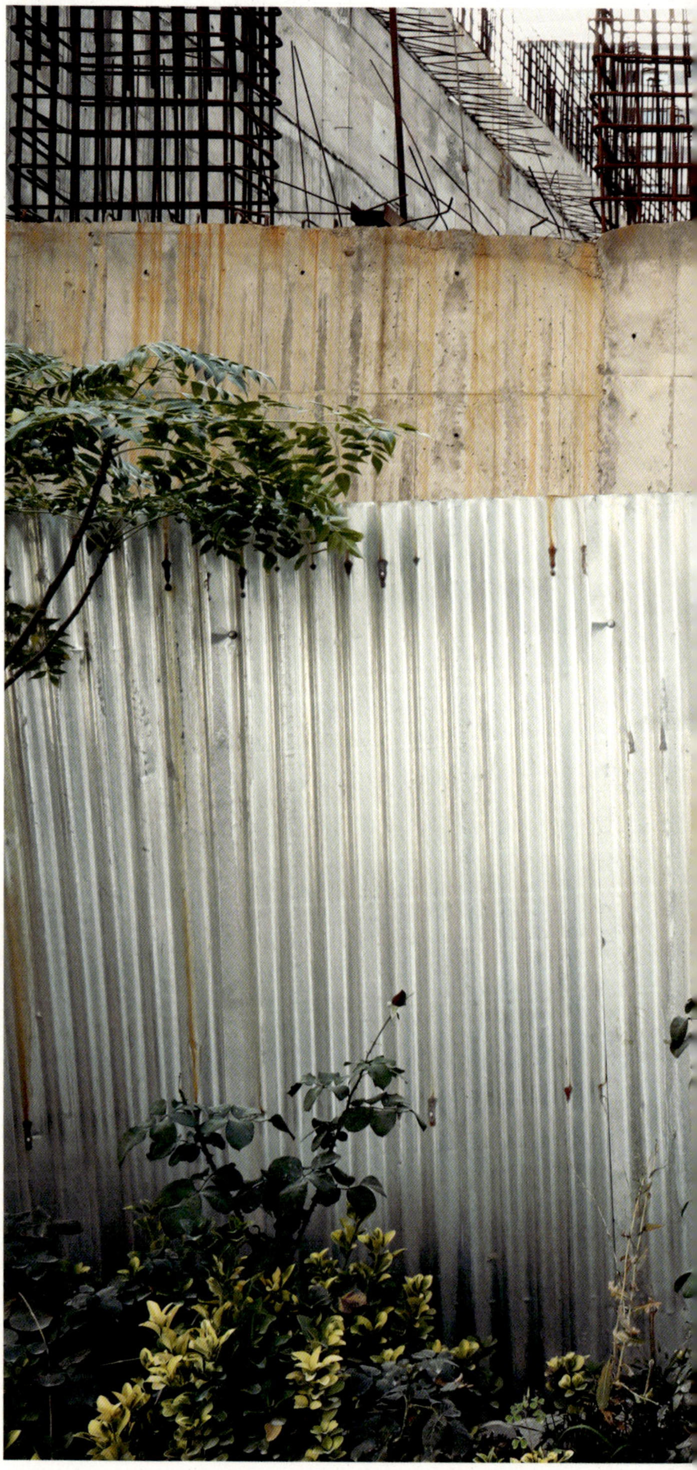

quelques km, décidons nous sagement d'arrêter définitivement. En fait, nous ne tarderons pas reprendre la route: un ... scorpion nous y obligera.

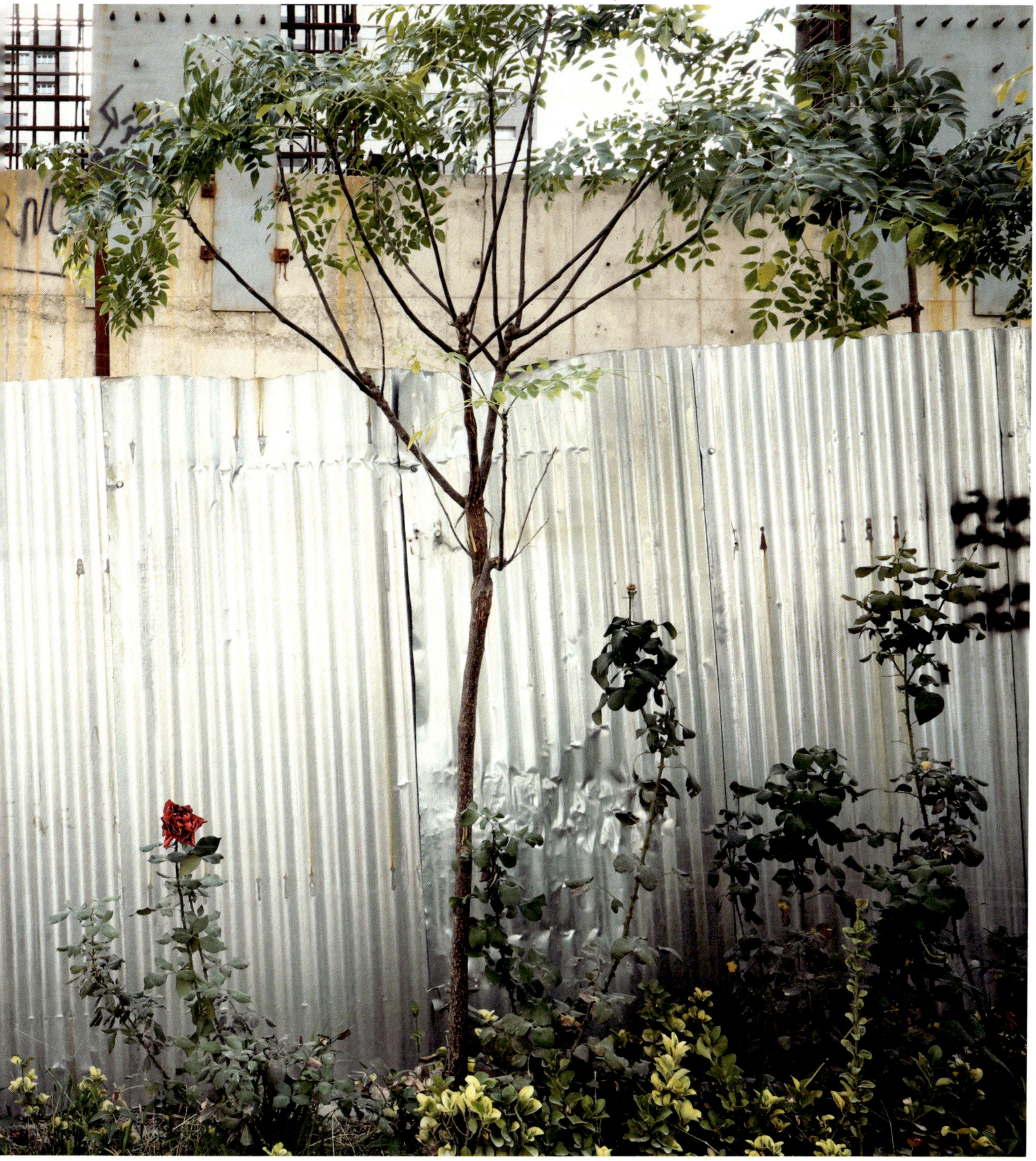

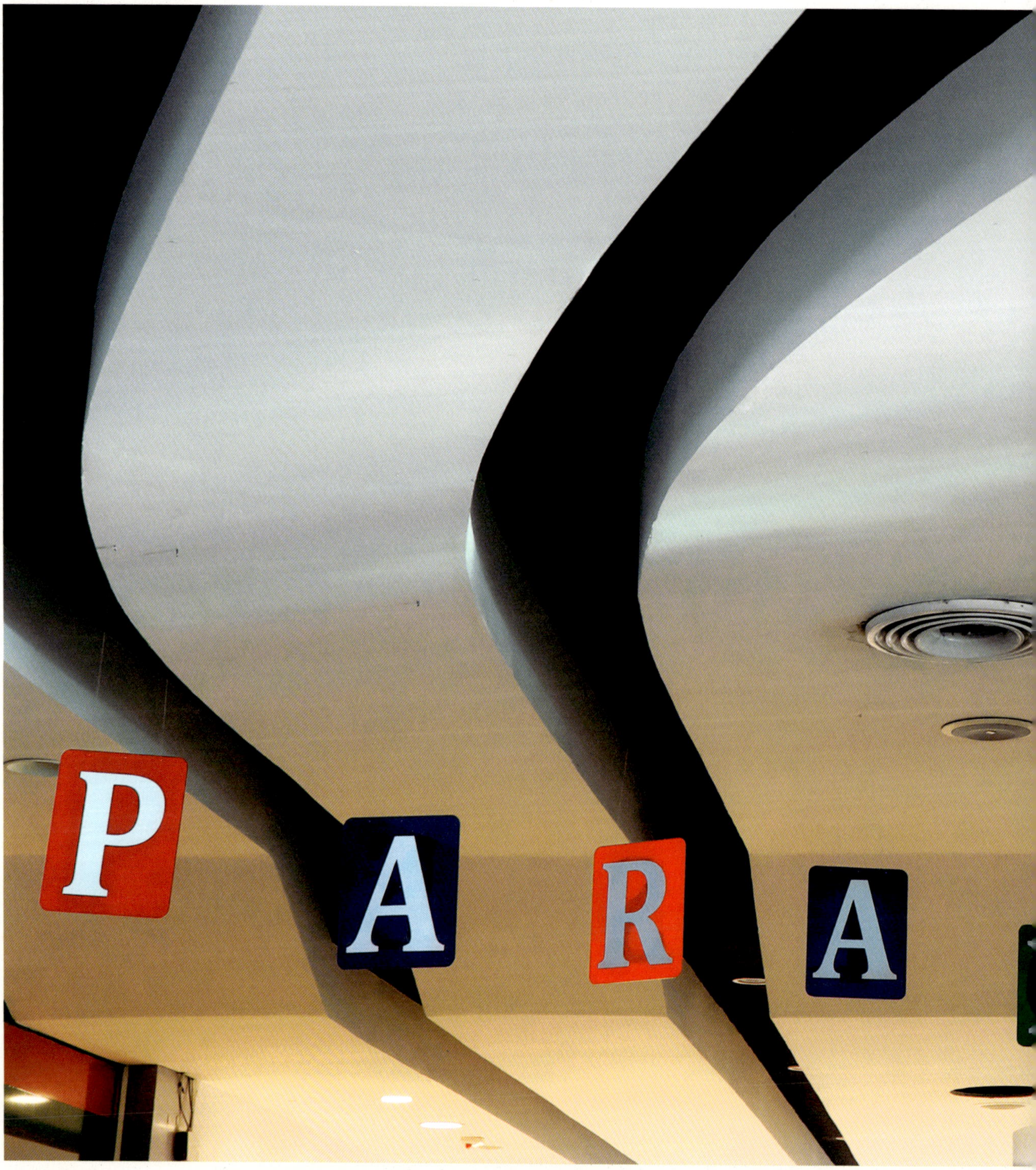
P A R A

SUR LA ROUTE DE TEHERAN

Nous avons donc quitté la grand' route, pour chercher un

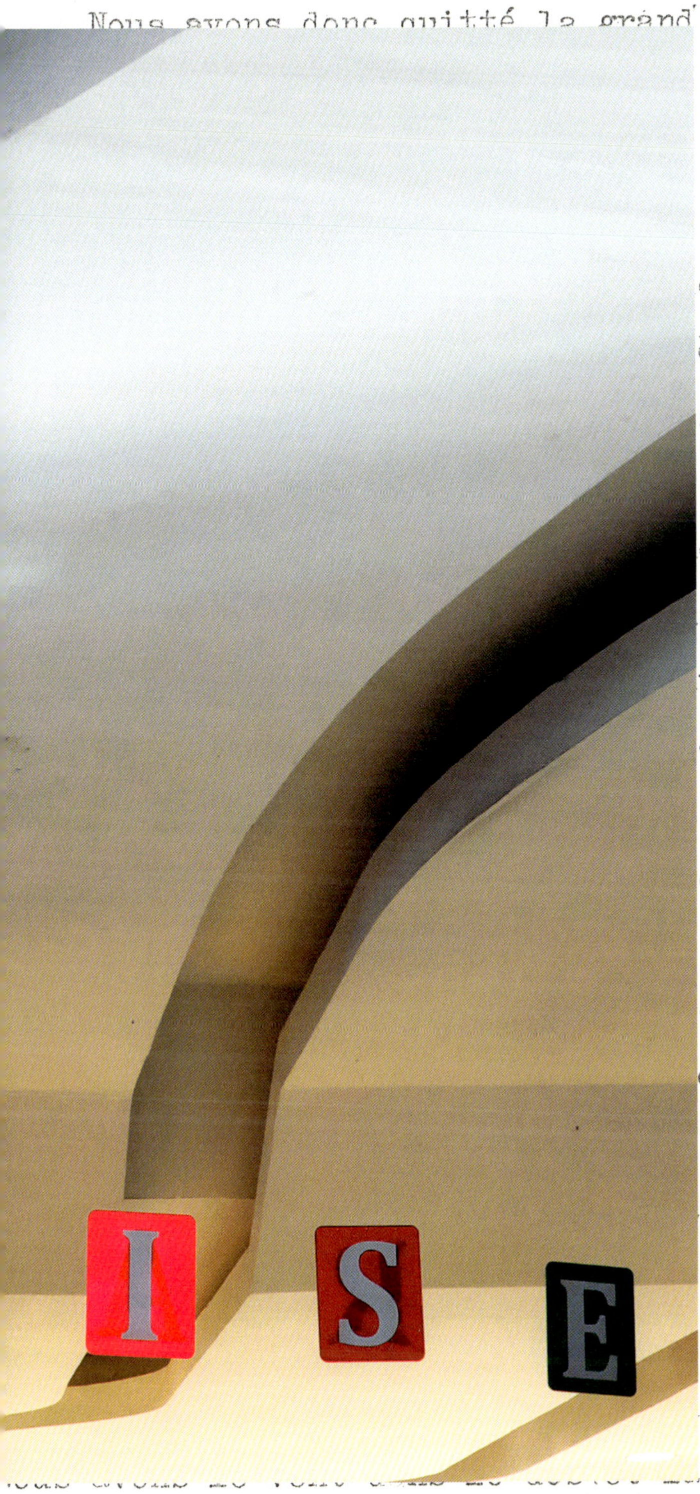

heures, et il fait nuit
la camionnette que José res-
gauche. On croit d'abord
els ne manquent pas à cet
ès vive envahit tout le
s cet instant, nous comprenons
piqûre de scorpion. Très
ette et partons à la recherche
s une région assez peuplée.
te, nous sommes à nouveau plon-
oujours aussi folle. Mais
trop prudent: le temps presse.
oit particulièrement calme
de José est presque complè-
oujours aussi vive; Christian
ques, mises "bien en évidence"
il suffit bien sûr d'en avoir
rly essaie de garder un peu
comme une locomotive: nous
n feu. Il ne dépasse pas
es bien obligés de le dépasser.
fumée avance avec nous ce qui

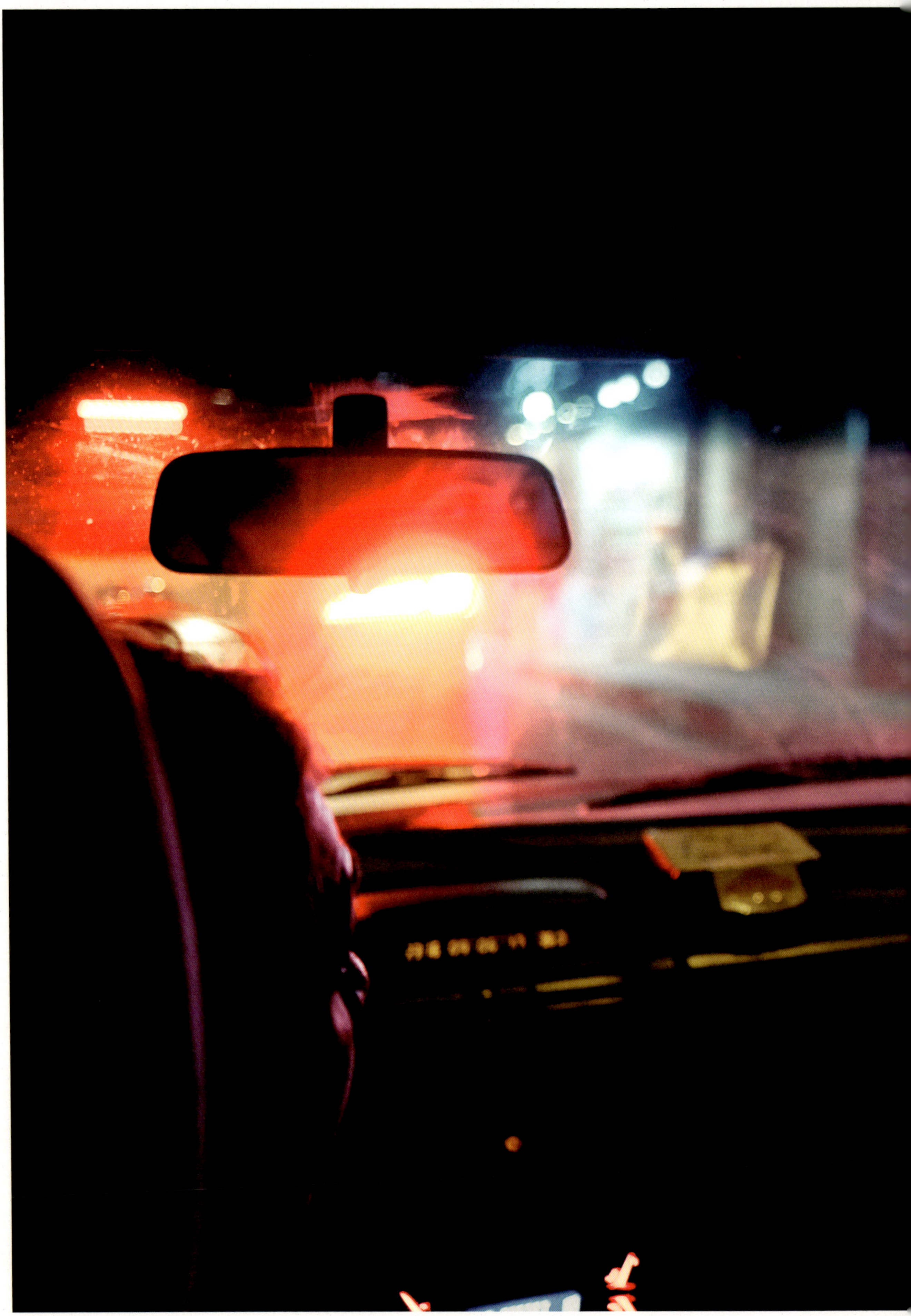

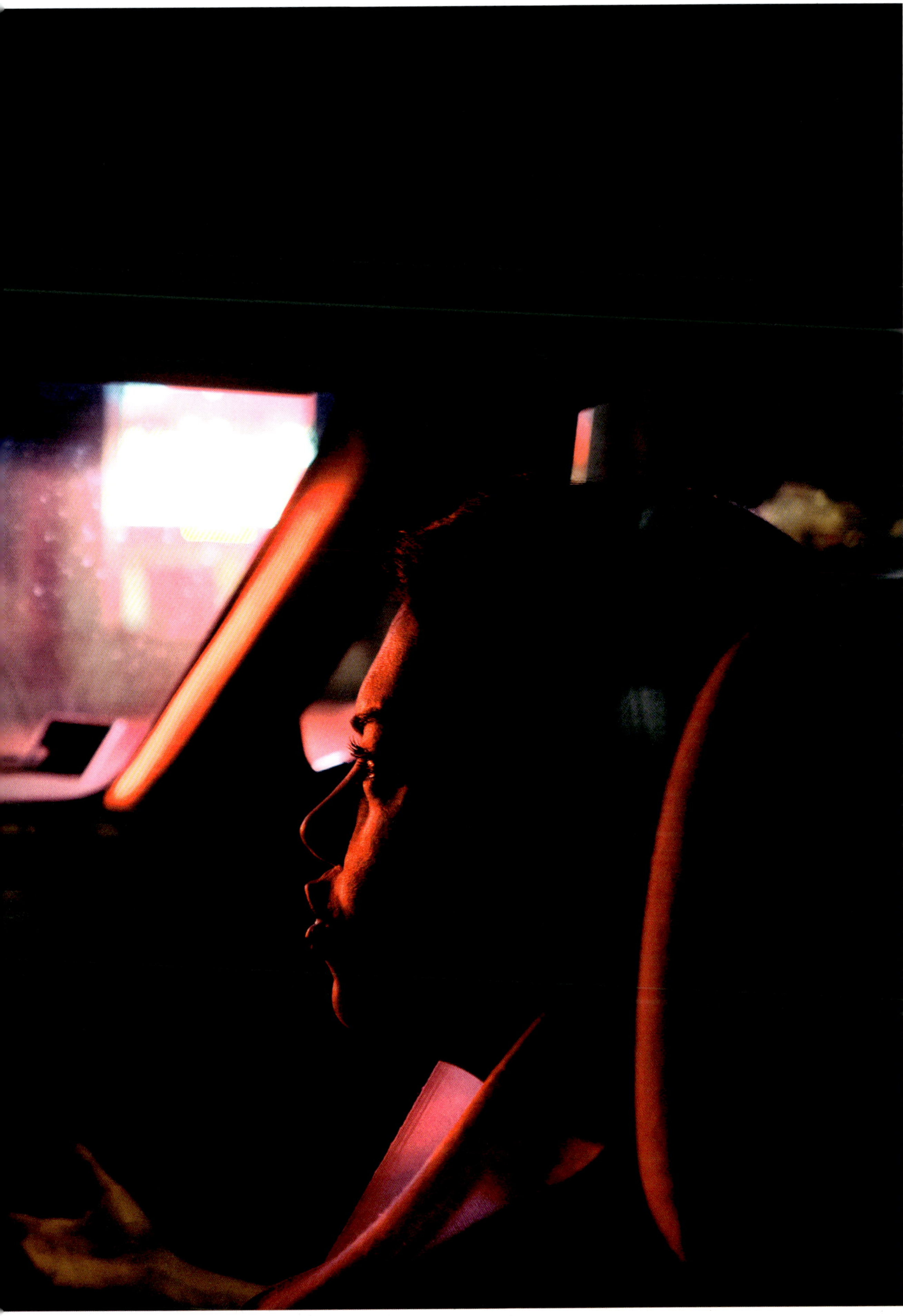

on

e

c

se--

s

s

e

e

rly

s

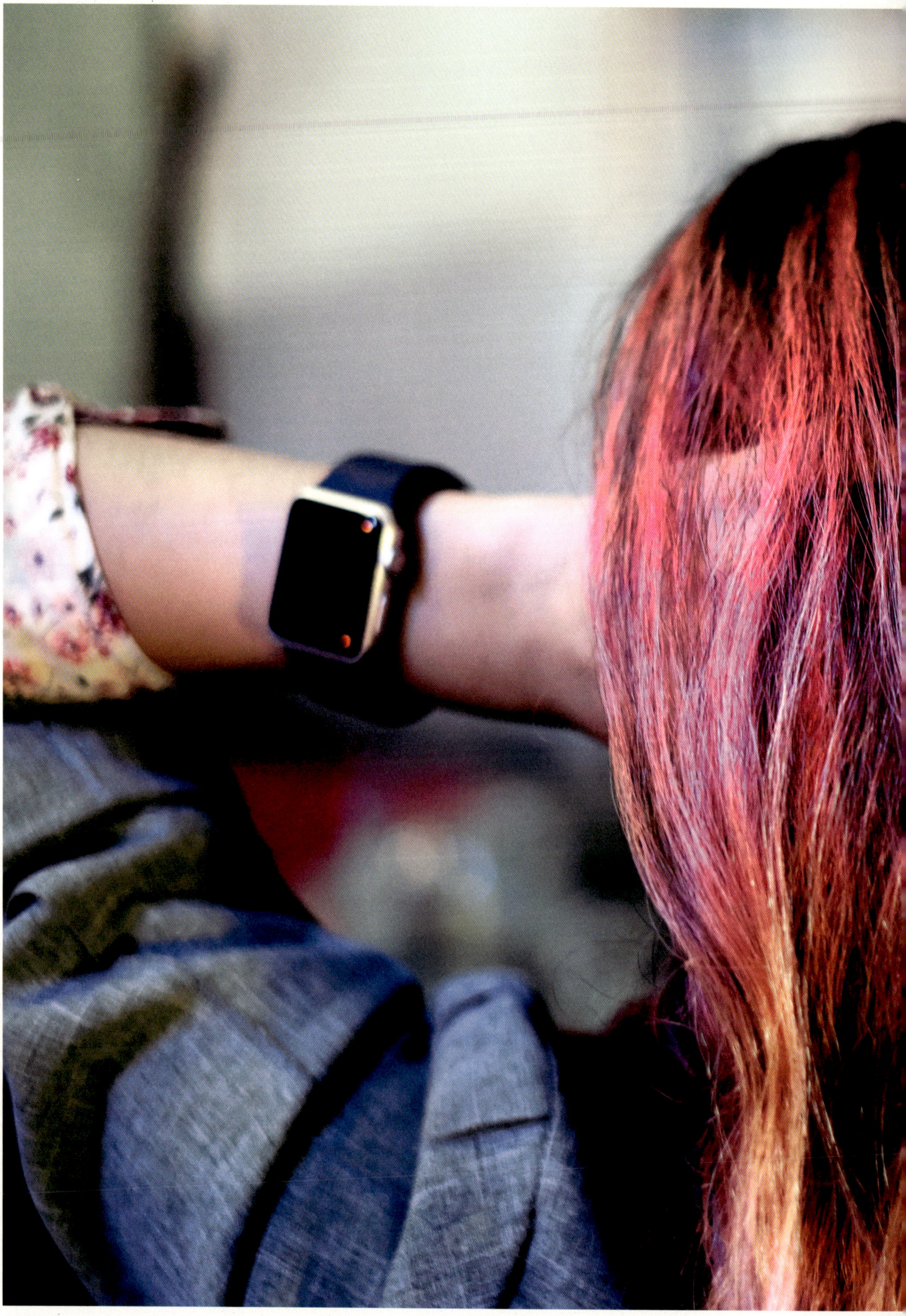

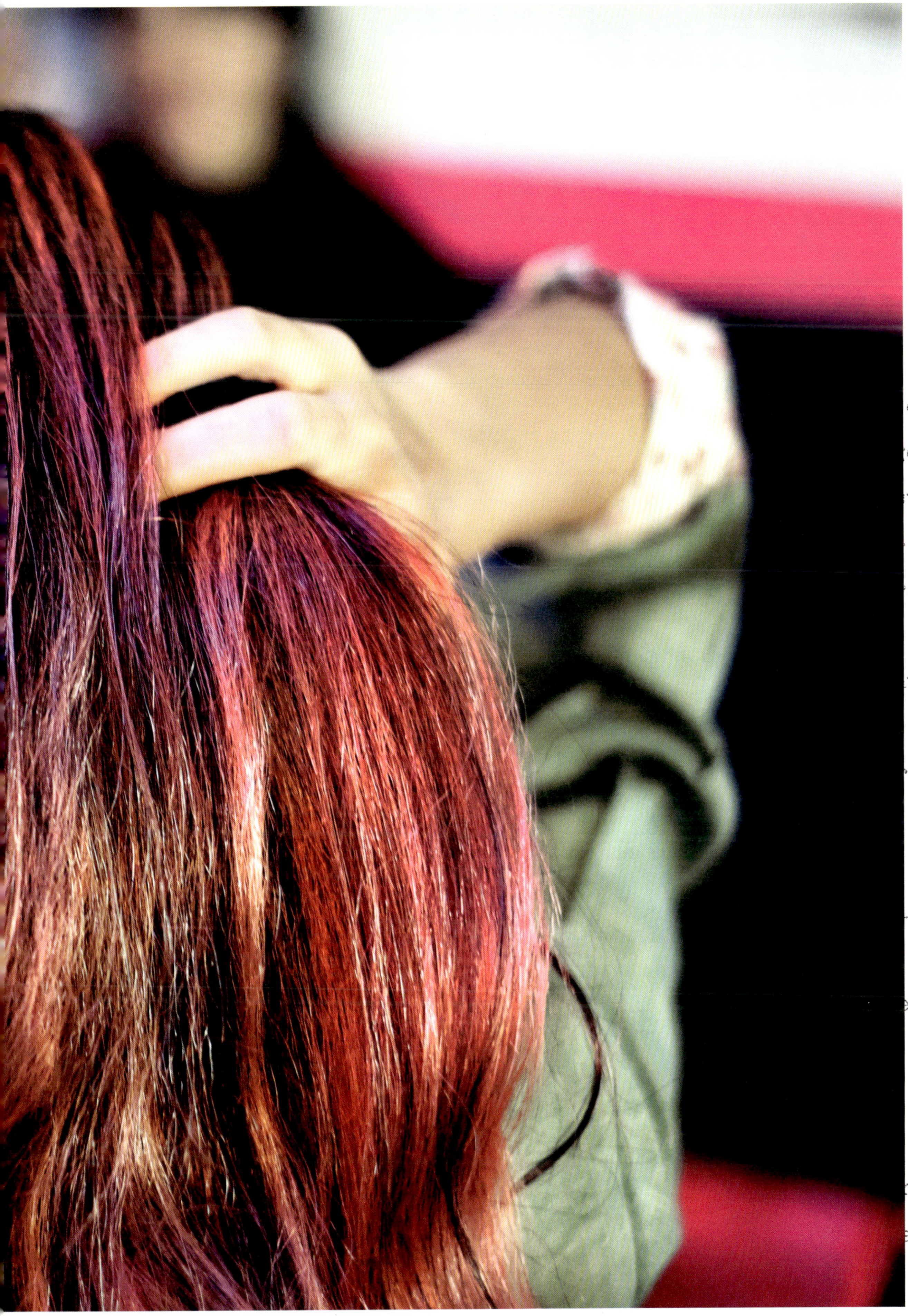

chapiteaux de Persépolis les mieux conservés. Nous sommes aujourd'hui le I9 août, c'est à dire le 28 Mondad du calendrier musulman. C'est le jour anniversaire du renversement du Docteur Massadecq, en I953. Ce jour est dignement fêté et un grand défilé militaire est organisé dans les principales artères de la ville ce qui provoque des embouteillages et des coups de klaxons rageurs. Pendant l'après-midi, nous allons voir les joyaux de la couronne exposés dans les sous-sols de la banque de Markazi. Il y a là, parmi des bijoux fabuleux et inestimables, le plus grand diamant taillé du monde, qui porte bien son nom: Darya

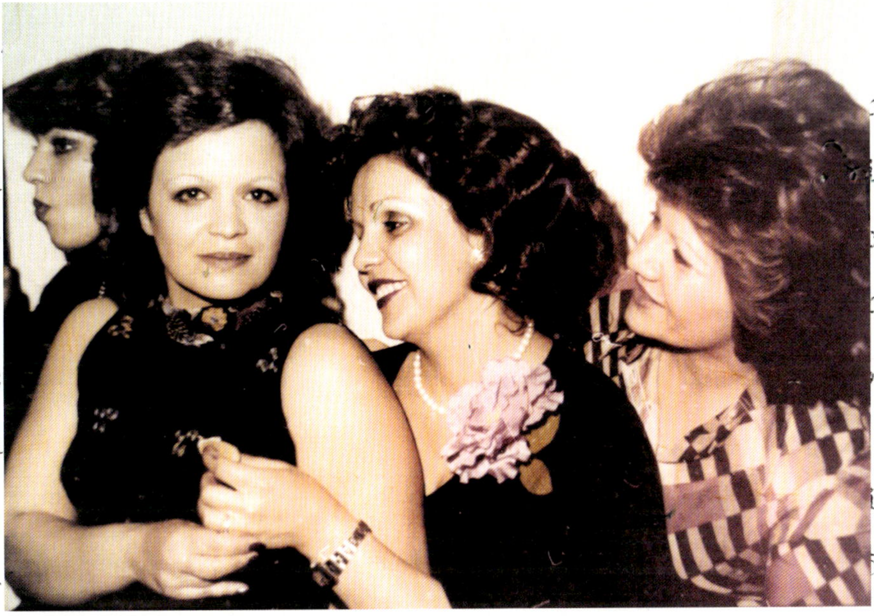

règnant dans les quar ichesses est pour le m importantes en Iran, la f culine où dominent les res. Les jeunes gens s , la tenue la plus répan sens de la longueur. inistre voile noir, l de la société s'habillent comme en Europe, à quelques détails près. Il faut noter que pour la classe la plus pauvre, le Tchâdor est un moyen bien simple de cacher sa misère. Les rues de Téhéran sont asphaltées, parfois pavées et on est agréablement surpris par leur largeur et leur entretien. Hélas, la traîtrise est au bord: de chaque côté, les roues des voitures sont menacées par les perfides caniveaux: les "djoubs", où coule une eau à toute fin: boisson, rinçage, ablutions, et pire. Nous quittons Téhéran en début de soirée et prenons la route de Qom. Nous nous arrêtons après quelques km, mais le vent est si violent que nous dormirons à l'intérieur de la camionnette.

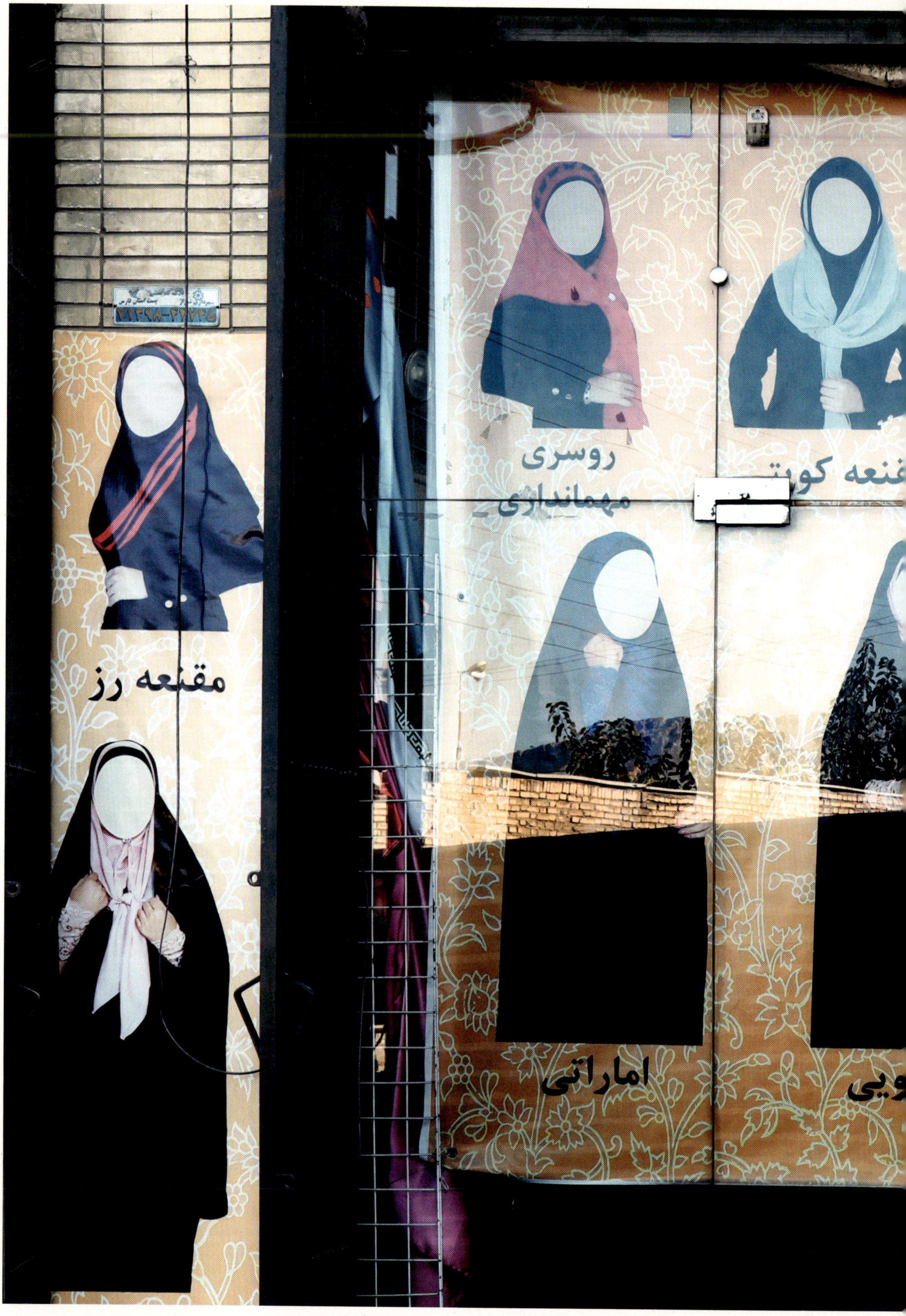
مقنعه رز
روسری
مهمانداری
اماراتی

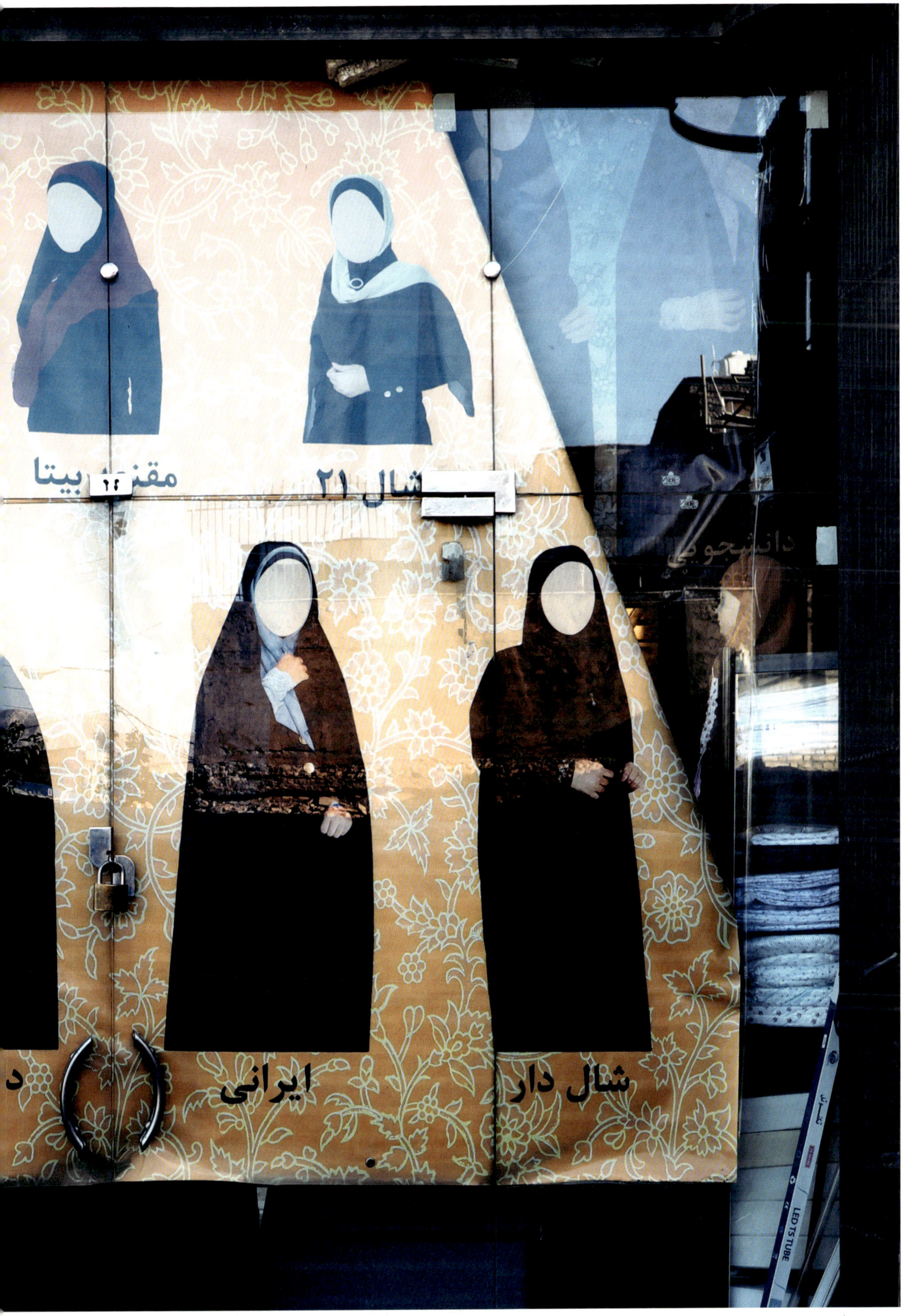
بیتا
ایرانی
شال دار
LED T5 TUBE

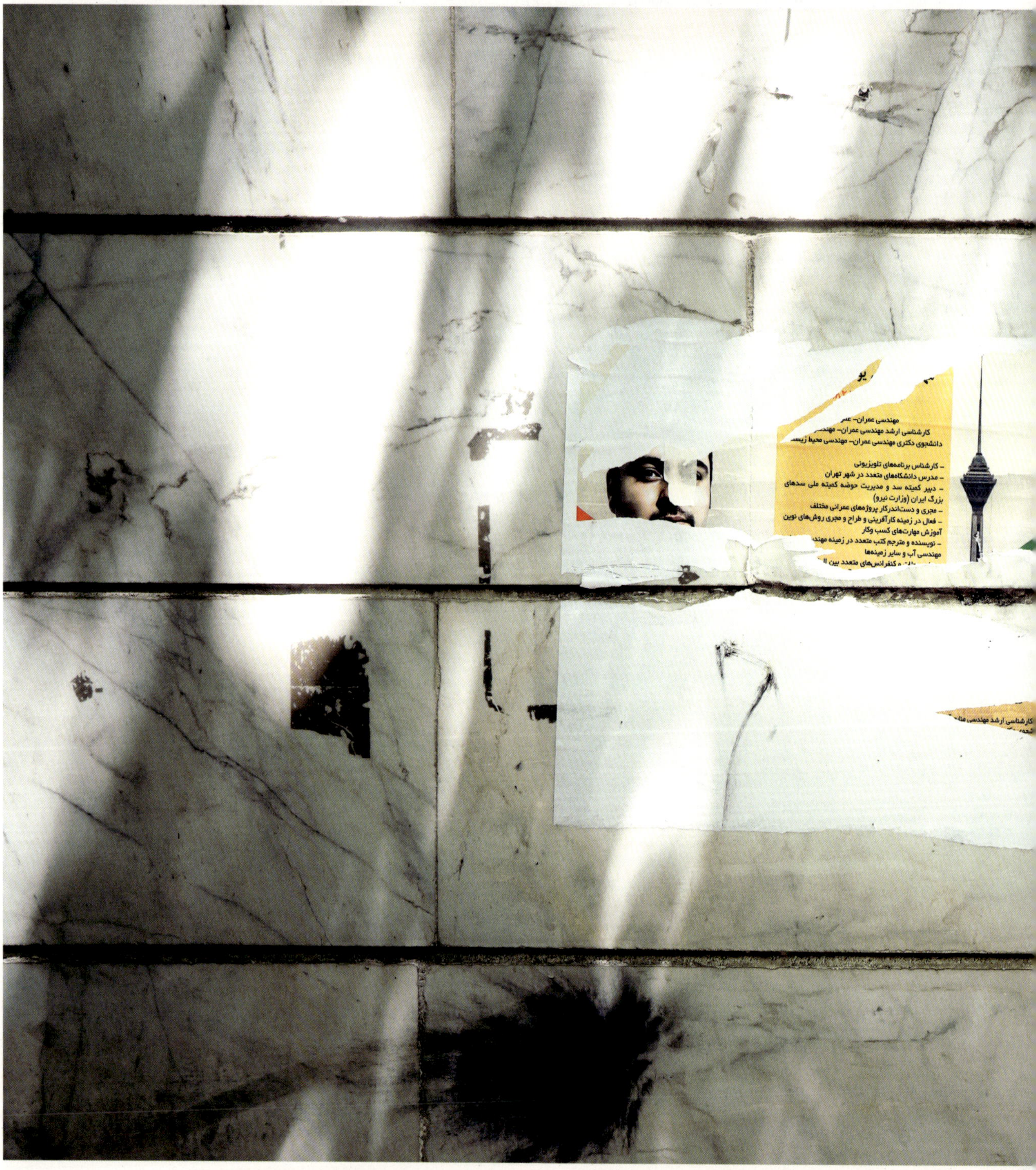

مهندسی عمران–
کارشناسی ارشد مهندسی عمران–
دانشجوی دکتری مهندسی عمران– مهندسی محیط
– کارشناس برنامه‌های تلویزیونی
– مدرس دانشگاه‌های متعدد در شهر تهران
– دبیر کمیته سد و مدیریت حوضه کمیته ملی سدهای
بزرگ ایران (وزارت نیرو)
– مجری و دست‌اندرکار پروژه‌های عمرانی مختلف
– فعال در زمینه کارآفرینی و طراح و مجری روش‌های نوین
آموزش مهارت‌های کسب وکار
– نویسنده و مترجم کتب متعدد در زمینه
مهندسی آب و سایر زمینه‌ها
کنفرانس‌های متعدد بین

I : I S P A H A N : la ville des roses.

Il y a vingt ans à peine, on se rendait encore de Téhéran à

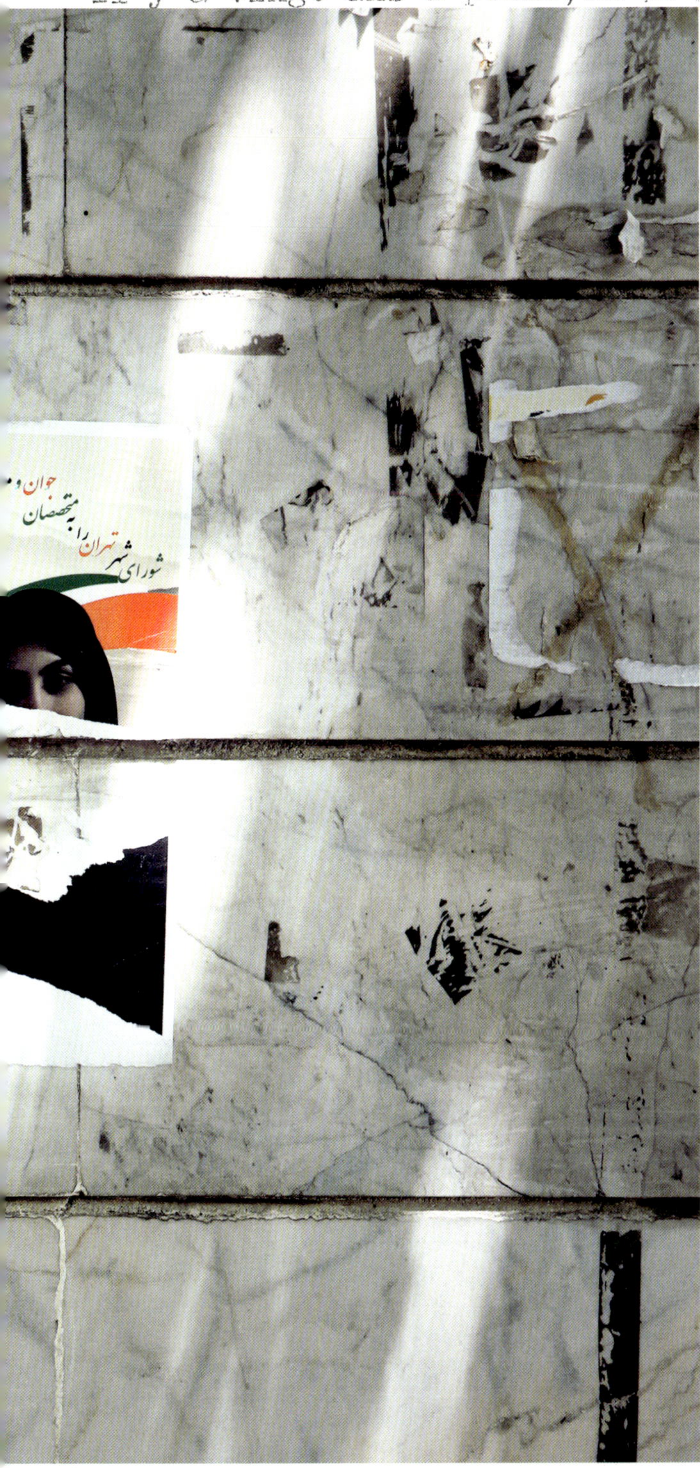

ertains endroits seulement,
e traversait tantôt un village
qui tombaient en ruine.
beaucoup évolué: la piste a fait
trange, celle-ci a été construite
it au préalable, de sorte qu'elle
ndulée ". Cette chaussée épouse
sable qui constituent l'orée du
effet, s'étend à perte de vue le
ques rares touffes d'herbes toutes
et de chardons. De temps à autre,
poussière âcre et lourde, rompant
tendues caillouteuses. Le ciel
ble s'éclaircir et devenir plus
s hectares et des hectares de
ue d'acier. C'est cela qui rend
s'agit d'un immense aérodrome,
qu' ucun être humain ne pourrait
cette mer intérieure darde
usieurs fois, nous avons
t nous.
de pélérinage préféré des

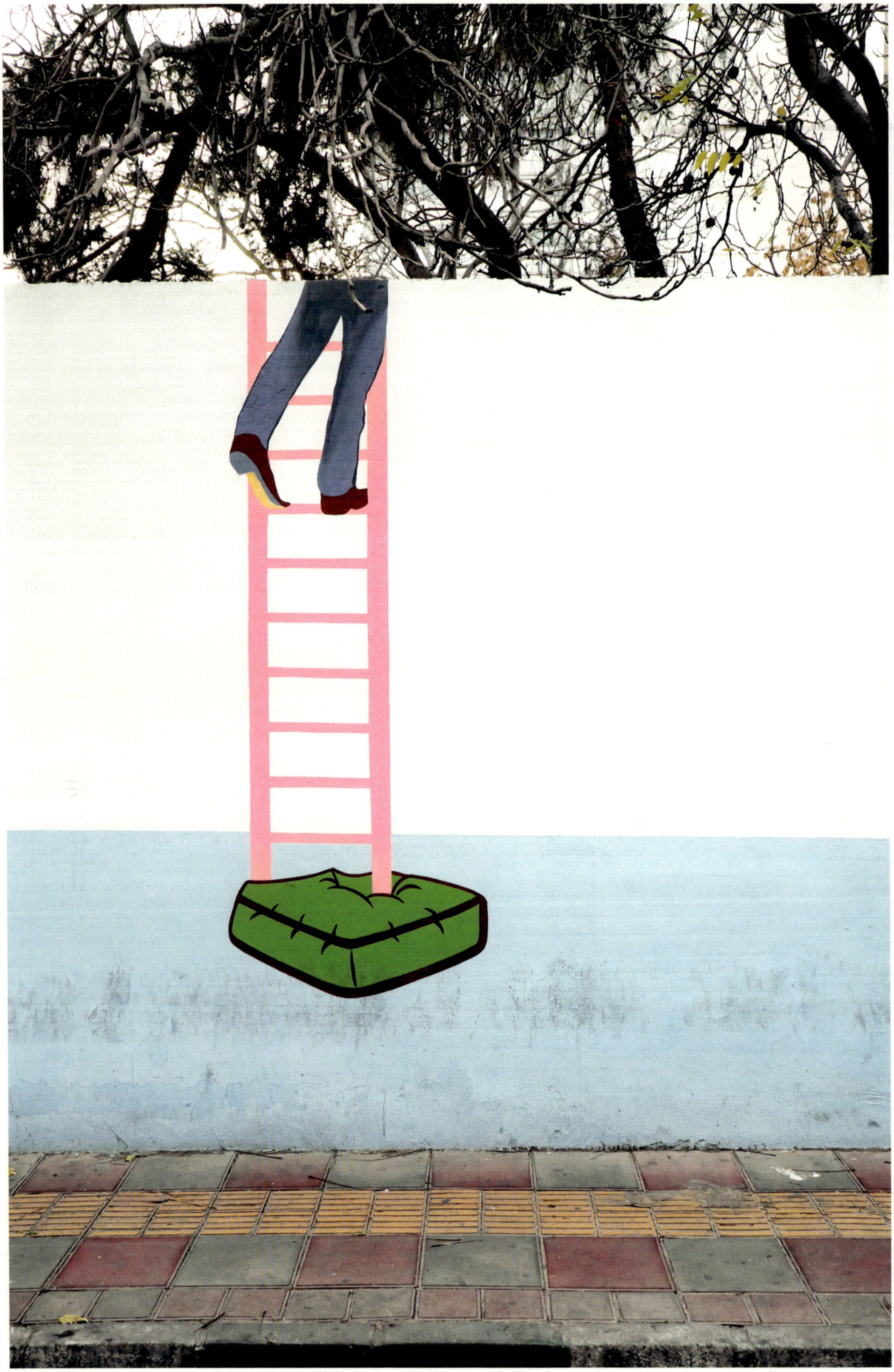

Iraniens. C'est là que se trouve enterree depuis le 9ème siècle, la chaste Fâtima, grande sainte de l'Islam Chiite qui ne reconnaît qu'un seul des trois successeurs de Mahomet. Sur sa tombe, fut bâti un sanctuaire qui devint l'objet d'une extrême vénération. Nous pouvons déjà en apercevoir la coupole dorée qui brille au soleil; ce dôme fut au debut du siècle dernier recouvert de plaques d'or. Il n'est pas possible pour un étranger non musulman d'avoir accès à ce sanctuaire; c'est exactement ce que nous fit comprendre le potier lorsque nous essayâmes de nous dissimuler dans la foule qui s'y rendait pour la prièrede midi . Bien qu'il soit interdit de photographier, Charly reussit à prendre quelques cliches du dôme pendant que du sommet d'un des minarets, le muezzin appelle à la prière.

Tandis que nous remplissons nos bidons d'eau fraîche, surgit au bout de la rue, sur le trottoir, un long cortège qui ecarte tout ce qui se trouve sur son passage. Il s'agit d'un enterrement: le mort gît dans une caisse de bois blanc recouverte d'un linge; la foule le porte sur ses épaules en scandant des prières et des litanies. Le cortège se dirige vers le sanctuaire de Fâtima. Là, tout proche, se situe un cimetière où sont enterrés les pieux musulmans qui tiennent à ce que leurs tombes soient voisines de celle de la sainte.

En quittant la ville, nous surplombons de la route une série de minuscules jardins entourés de murs en argile et sillonnés par un petit canal. On peut voir à une extrémité de celui-ci, une femme occupée à faire la lessive; plus loin, des gosses jouent dans l'eau, un paysan fait boire sa chèvre; enfin, une femme nettoie sa vaisselle.

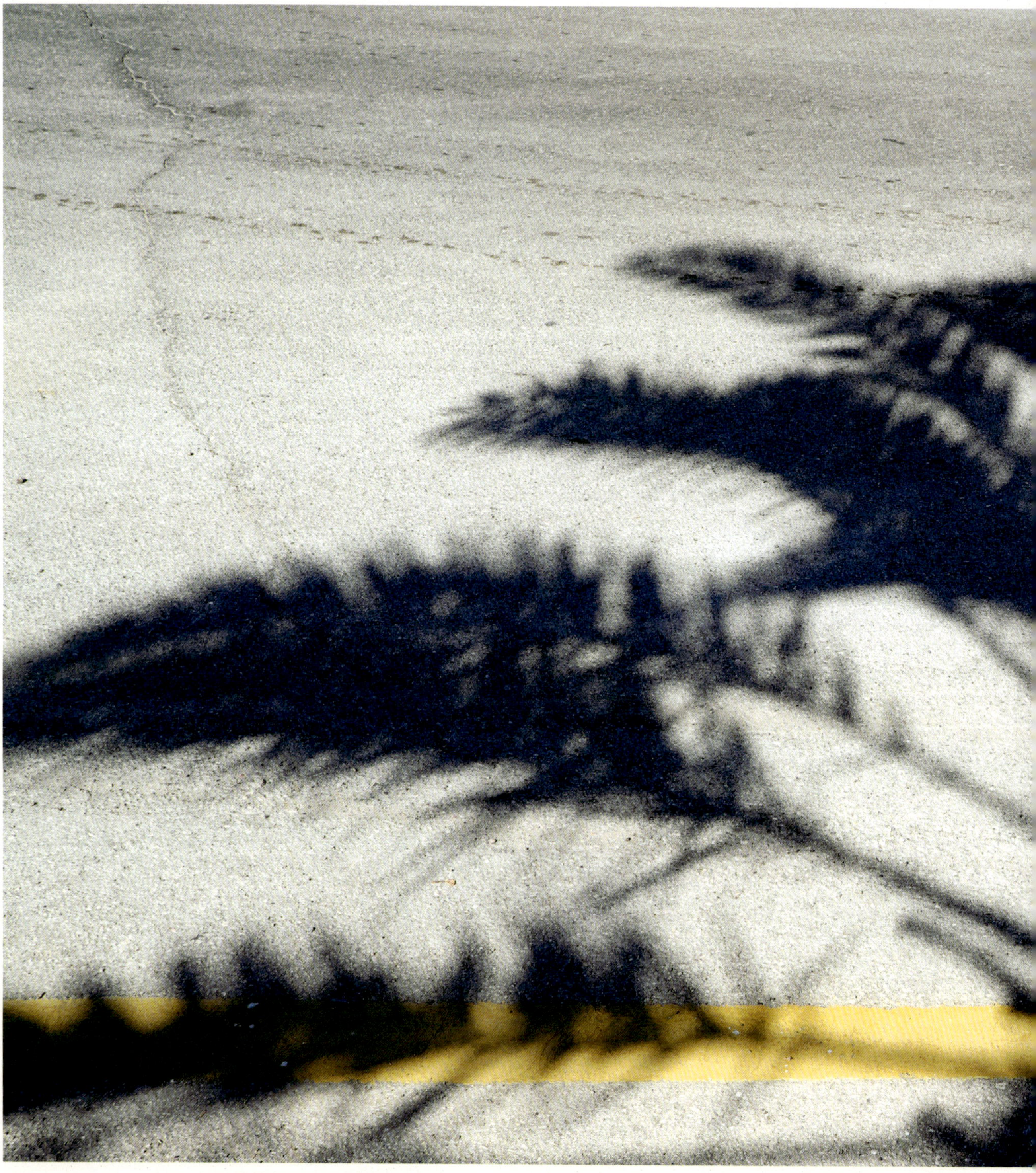

Après un repas compose essentiellement de fruits et de legumes, et une petite sieste au soleil, nous poursuivons notre route vers Ispahan. Les touristes se font de plus en plus rares; nous ne rencontrons sur ce chemin brûle du soleil que de maigres troupeaux

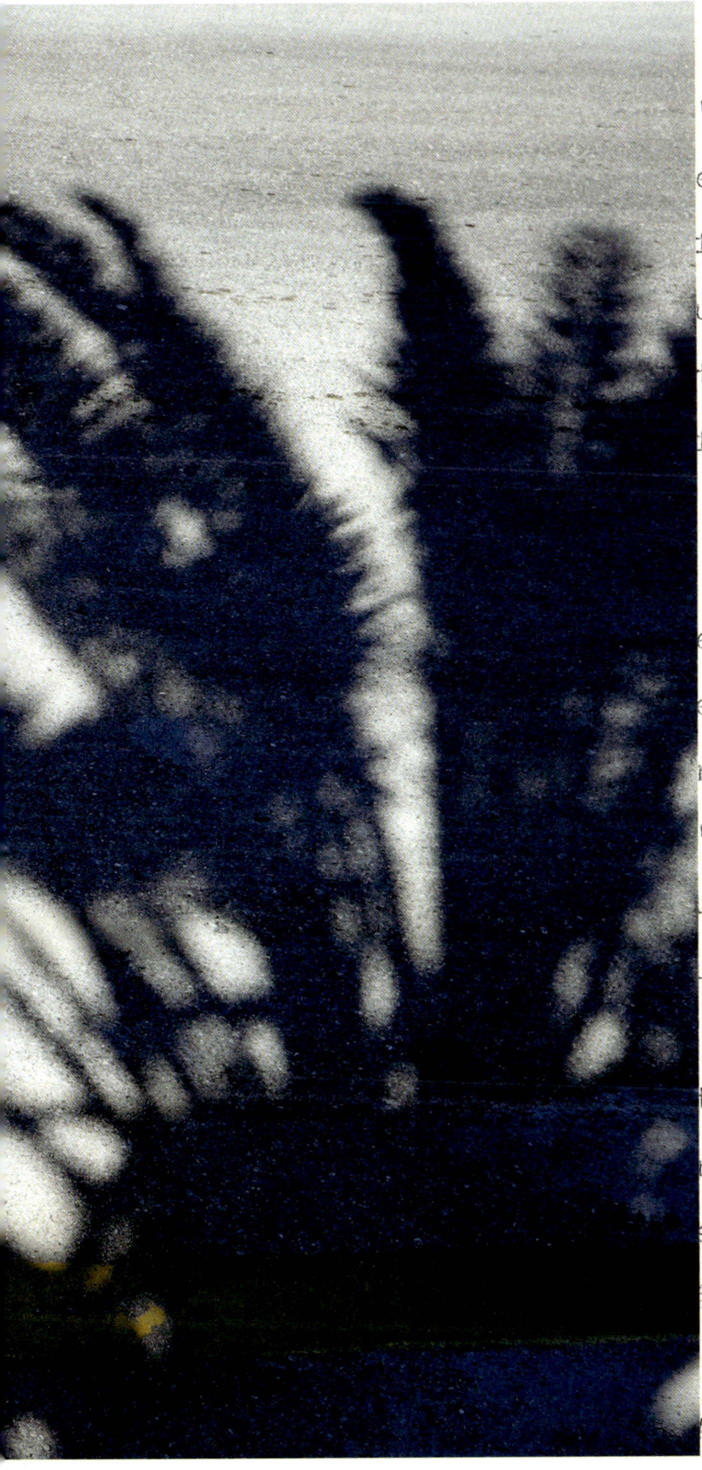

touffes d'herbes. Chaque fois
'est un concert de klaxons qui
es dela main. Tout autour de nous,
filé monotone des amas de pierres
us voici d ns la banlieue d'Ispa-
t un véritable oasis, entouré par
fin bénéficier d'un peu plus de

long des larges avenues bordées
e la mosquee Royale, une des plus
e Safavide(16ème, 17ème et 18ème
re et sa plus grande prospérité:
'histoire de cette ville. Le
une capitale sans rivale dans le
ue devait consacrer le dicton

te au nord le portail dit de
r; à l'est, la mosquée du Cheikh
s verdoyants; à l'ouest et au sud,
âpou et l'imposante mosquée
grande mosquée construite sous
Abbas. L'intérieur et l'extérieur

de cet immense monument sont decorés de mosaïques et de faïences

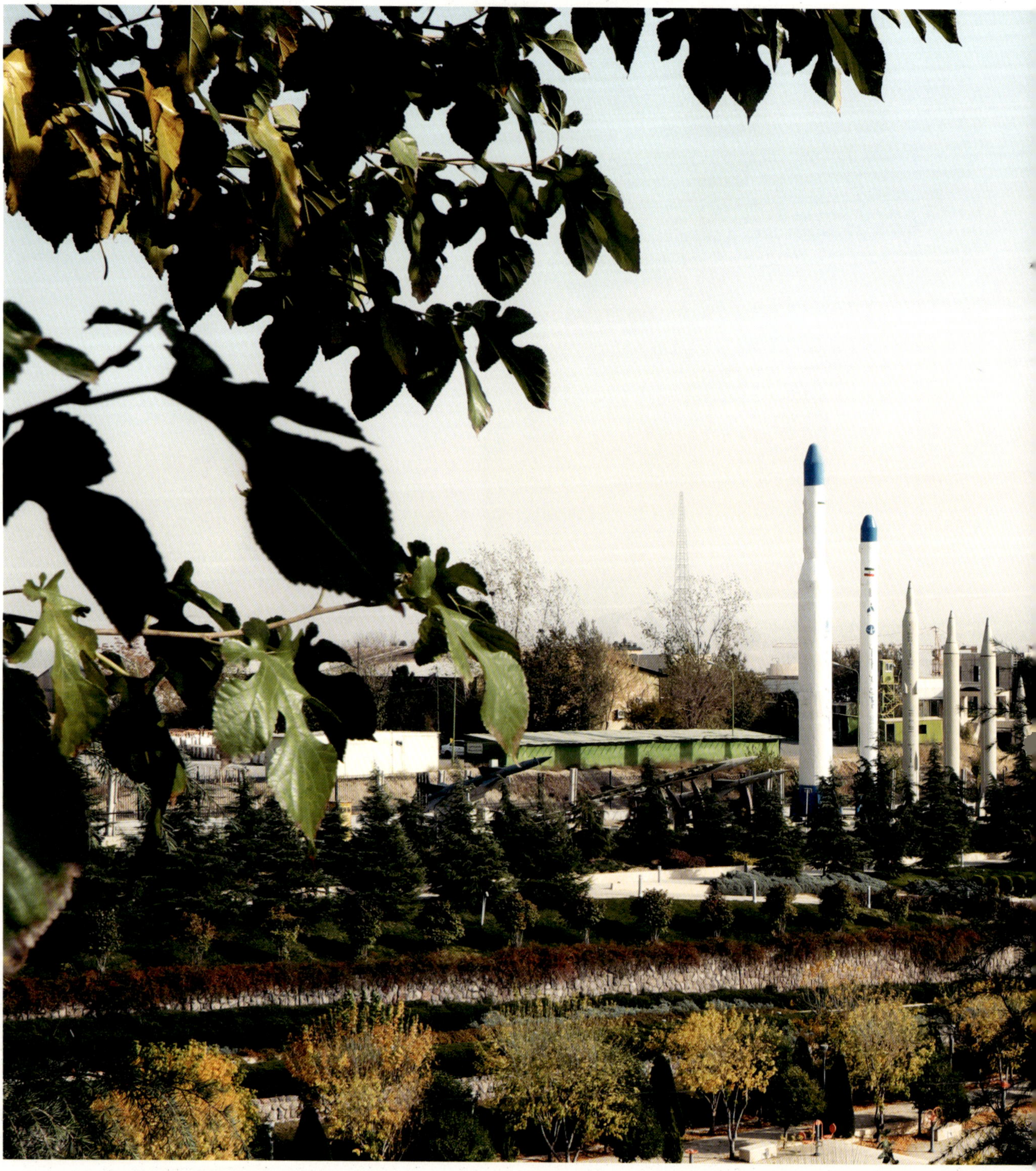

emaillées splendides. Sur le fronton de la mosquée, on peut admirer deux paons, chefs d'oeuvre de cet art des mosaïques. L'intérieur des coupoles est entièrement tapisse de miniatures aux couleurs sàisis-santes. L'art des miniaturistes iraniens s'exprime au moyen d'une

sques, d'oiseaux fabuleux.
, plus petite, semble quelque peu
Plus intime, elle possède le
an. En face, se dresse l'imposant
etages: c'est là que residait
on est un véritable dédale
ornées de très fins dessins.
emble de cette incomparable place
oute proche, on peut voir les
d'une caserne avoisinante, des
rcher au pas, sous le commandement
ent à jouer du sifflet. Lorsqu'
pleines de passants, nous entrons
on de découvrir la manière de
tous les âges y travaillent dans
la décoration à la main de plats,
e ceux qui y travaillent une
s avons ramené nombre de souve-
choppe tout un après-midi. On
e 40% de réduction sur le prix
t un bout de journal qui traînait,
a battu le record du monde des
deux miles. C'est là également que nous avons croisé les participants

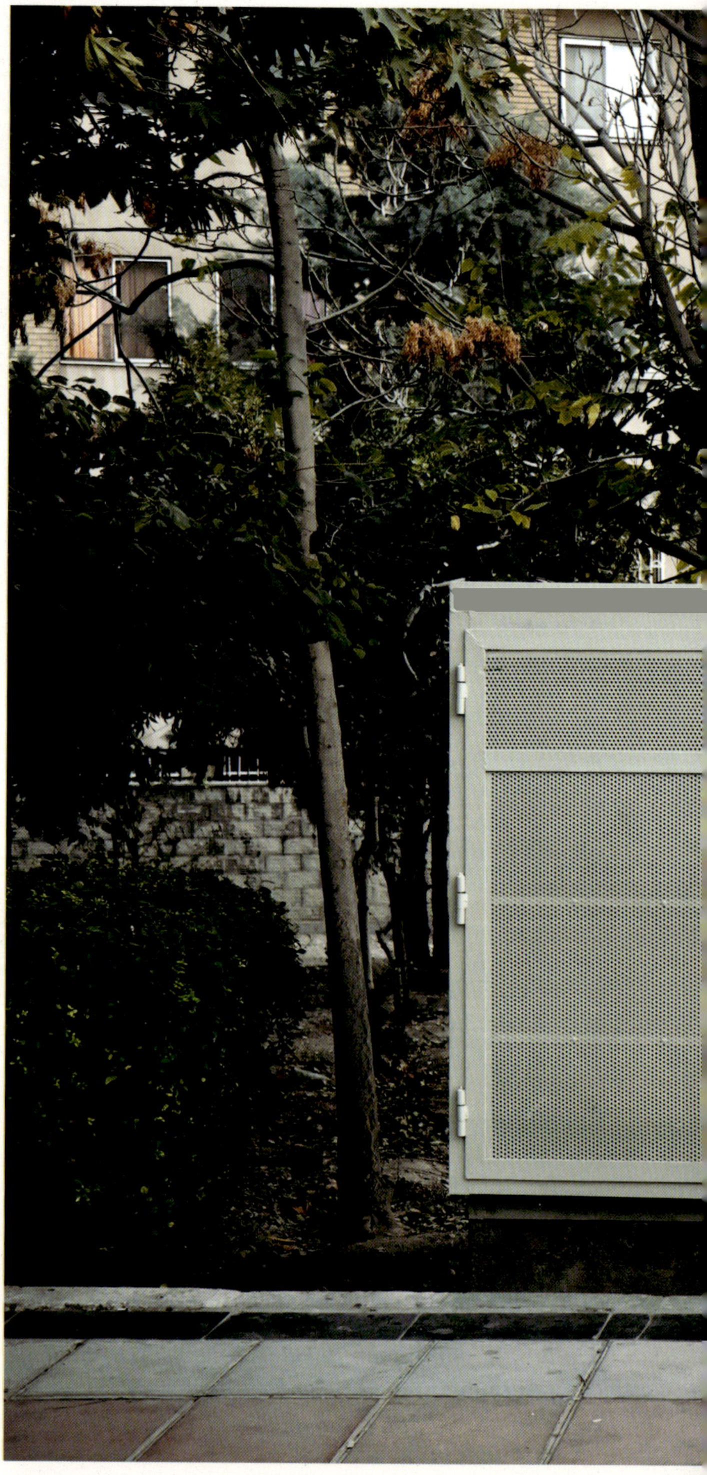

du raid Paris - Persepolis - Paris qui profitaient des rares heures d'arrêt pour s'acheter quelques souvenirs typiques.

Non loin de la place Royale, s'élève le gigantesque " palais aux quarante colonnes " construit pour les audiences publiques et

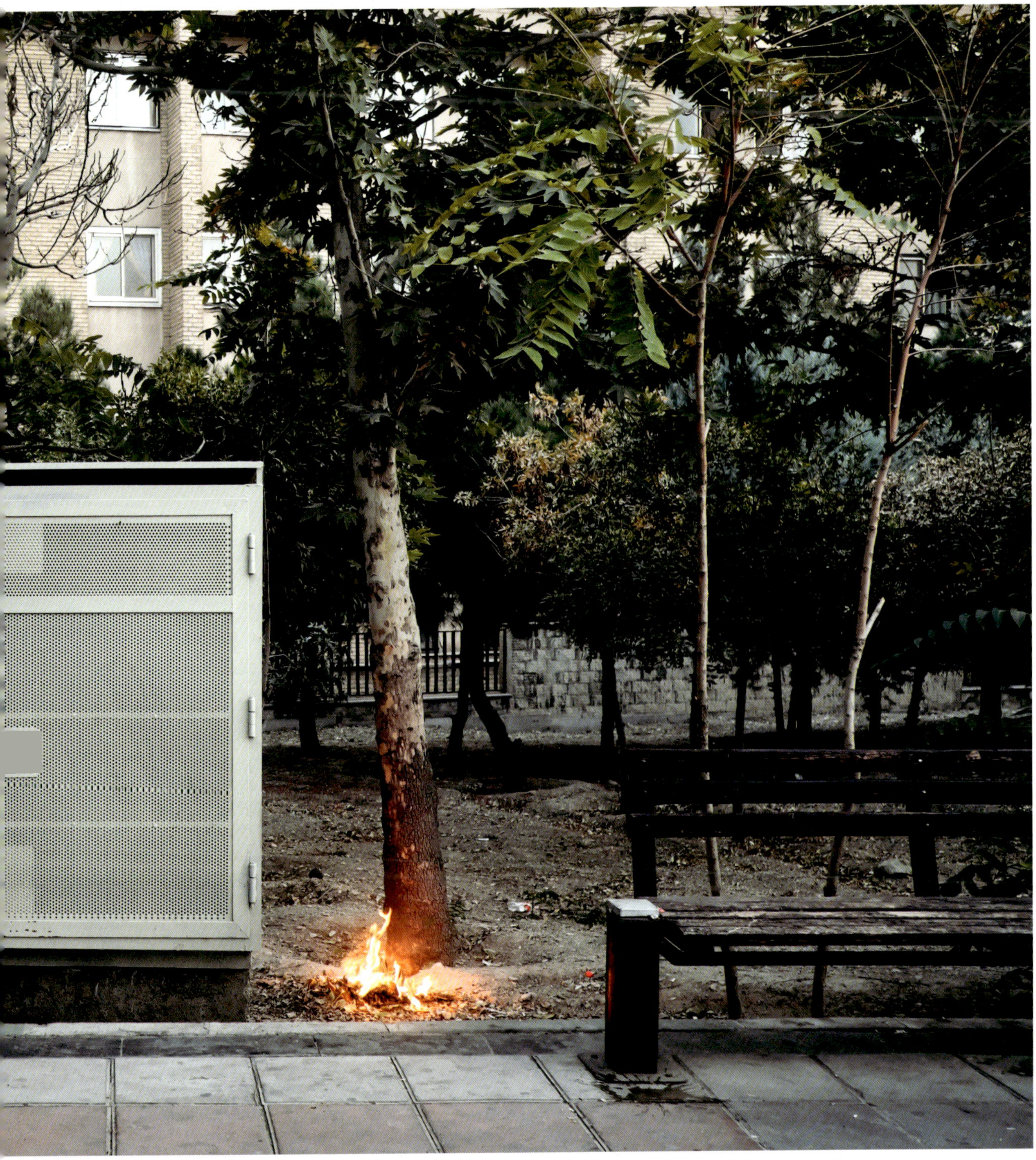

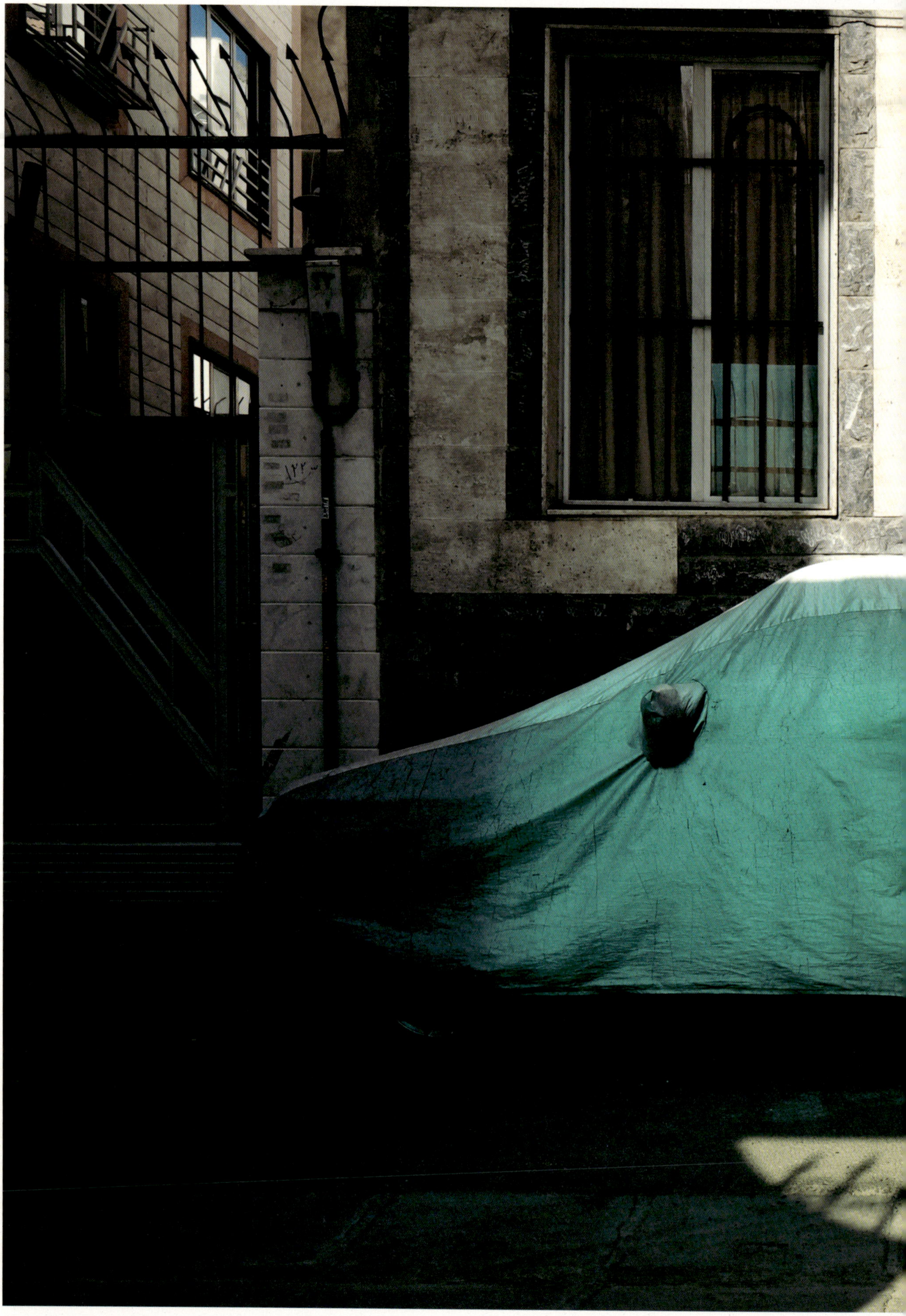

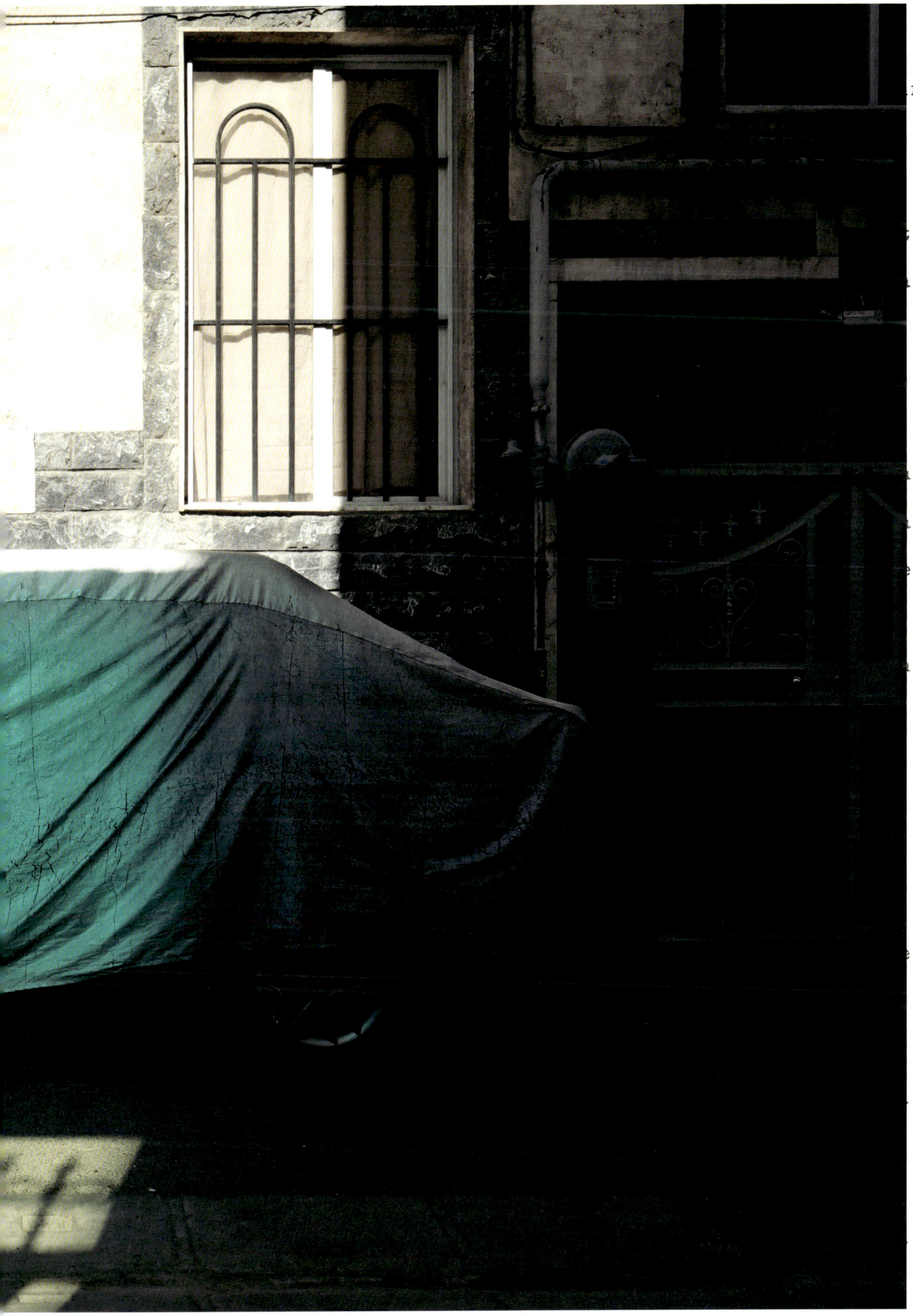

ne-

t

at

ts

aire

es,

at

e

a

Nous avons donc quitté Shah Réza tôt le matin, espérant bien arriver à Persepolis en fin d'après-midi. Le voyage se déroule sans incidents, la route étant très bonne. Vers I5 h., nous arrivons à Passargades -sans doute est-ce une déformation de Pârsâgâd qui signifierait "camp des Perses" -. Cyrus en fit sa résidence royale et c'est là que s'élève son tombeau. Les ruines du palais montrent un art iranien formé de la fusion d'éléments composites: babyloniens, assyriens, égyptiens et hittites. Un taureau ailé garde encore la

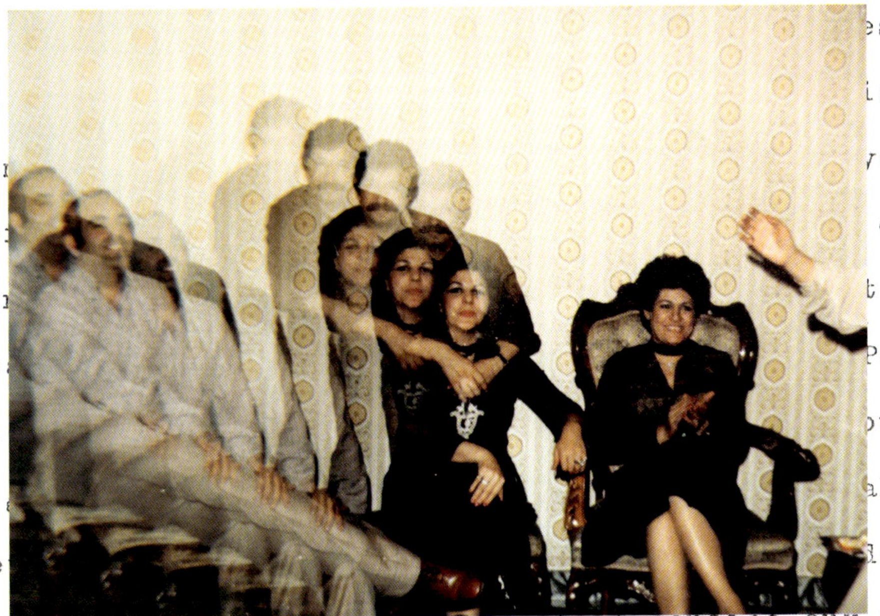

salle du Nord. ... es
blanches, mais ... is poly-
chromes. Le to ... yennes
pleine et mass ... deux
pans. Strabom r ... t le
tombeau:" Pass ... Perses
et régné sur l ... ourd'hui,
le tombeau du ... alomon",
demeure l'obje ... début
du XVIII^è siècle, la garde de cet édifice était confiée aux femmes d'un village voisin; seul le sexe faible avait le droit de pénetrer auprès des soi-disants restes de la mère de Salomon.

Il est environ I7 h. lorsque nous quittons Passargades et 60 km nous séparent encore de Persépolis. Il faut se hâter si nous voulons encore prendre quelques clichés avant le coucher du soleil. Il est environ I8 h. lorsqu'au détour d'un tournant la grandiose cité de Darius nous apparaît. Charly parvient encore à prendre une vingtaine de clichés formidables. José et Christian profitent de la sortie des ouvriers occupés à préparer les festivités d'octobre

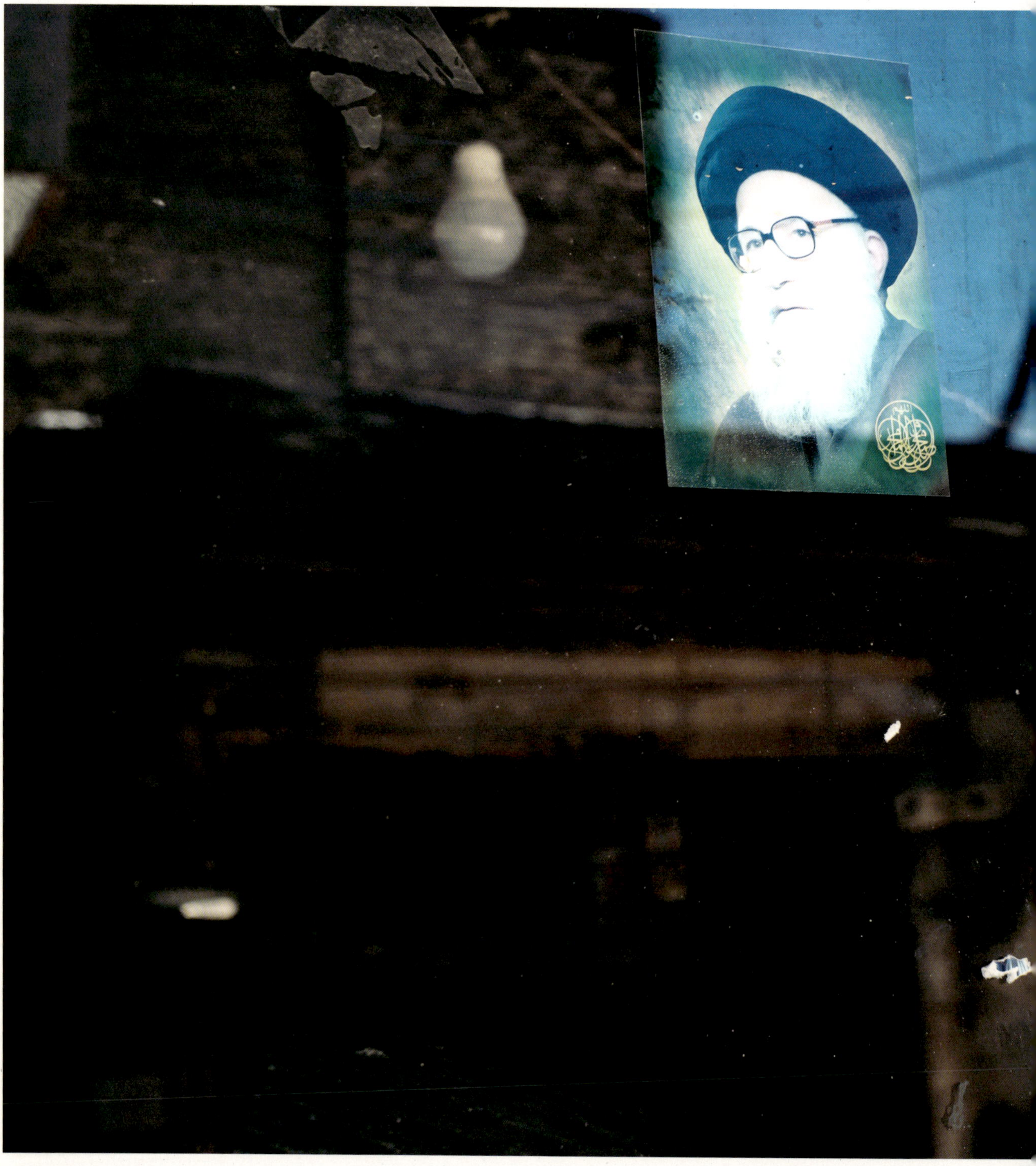

pour entrer en tapinois sur l'esplanade. Partout, il y a des échafaudages, des haut-parleurs, des projecteurs et une foule de soldats en armes. Devant le palais, les tribunes sont déjà dressées pour recevoir les invités royaux. Charly doit faire preuve de

voir sur ses photos des fils
éployant pour la cause un
ur ses aptitudes à sauvegarder
appréciation personnelle et

ant J-Ch et les travaux pour-
ées ne furent jamais terminés.
esplanade rectangulaire
a montagne. Cette terrasse
grâce à d'énormes blocs
er par des queues d'arondes
un escalier monumental. Par
tion, on monte à la salle
ontenir dix mille personnes
ue par 36 colonnes en pierre
ongues parties en cèdre du
ps de merveilleuses photos
taire ici toutes les beautés
tte cité. Il ne semble pas
rmanent à Darius le Grand.
lle qu'une fois l'an, lorsqu'
adeaux de son peuple. Après
ui, le palais à colonnes fut délaissé pour faire place à l'archi-

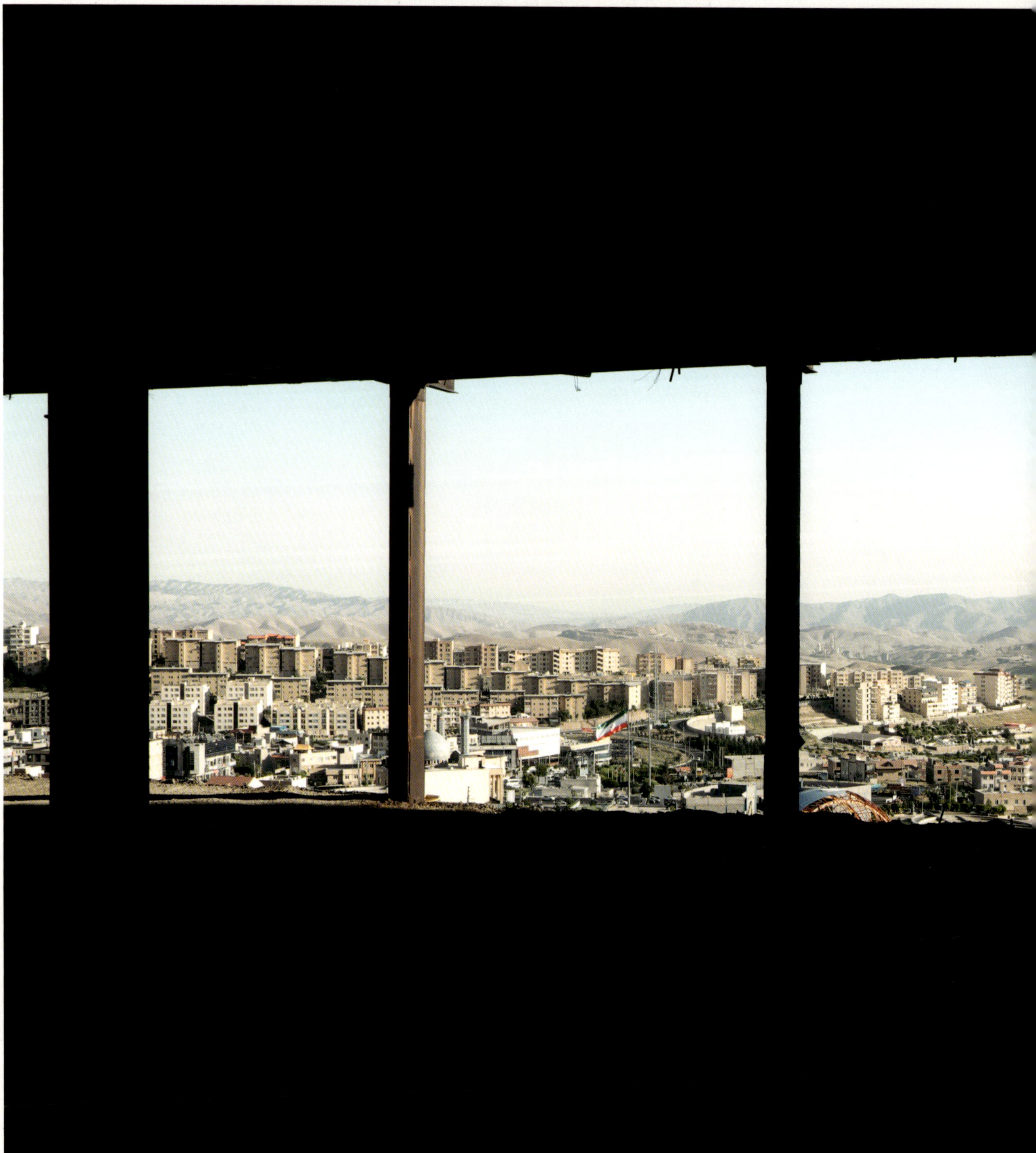

ecture voûtée qui domine encore le plateau iranien partout où
e bois fait défaut. C'est en 33I avant notre ère qu'Alexandre
e Grand s'empare de Persépolis. C'est alors qu'elle est ravagée
ar les flammes: des historiens racontent qu'Alexandre, torche en

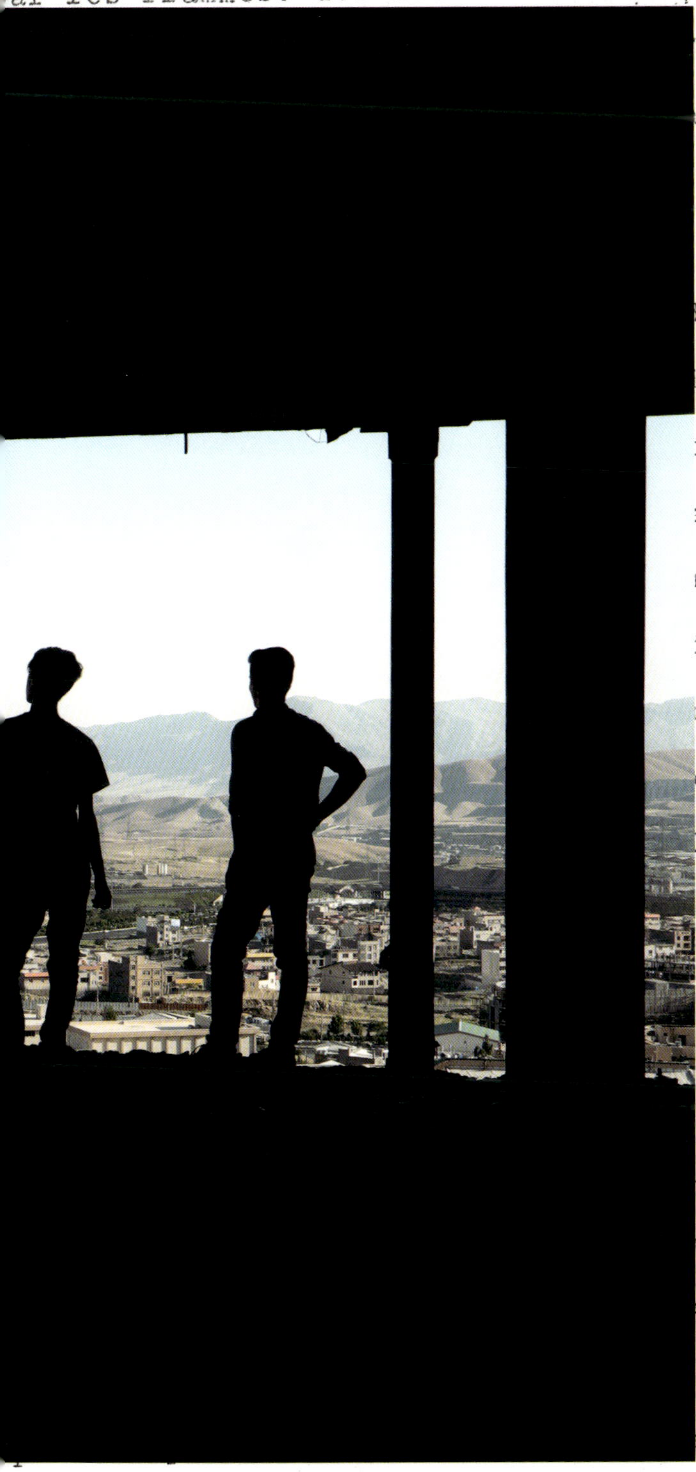

in d'un banquet. Mais nous
ctitude ci qu'il en fut

mètres de l'esplanade: ce
iose que nous pouvions espérer.
sons une visite plus complète
ocher des tentes royales qui
e dizaine de mètres des tentes,
res toujours aussi intransi-
il peut bien y avoir de secret
midi, nous visitons Nach-è-
droit se trouve à quelques km
les plus anciennes sépultures,
end plusieurs niches. Il y a
I, Darius II et Xerxès. Le
bre inscription bilingue:
Rois, Roidescontrées, Roi de
t les noms des provinces con-
s dominées par Darius étaient
de ceux qui supportent mon
sauras que la lance de l'homme
de ces tombeaux sont en forme
de croix: le portique horizontal est sommé d'un tympan vertical et

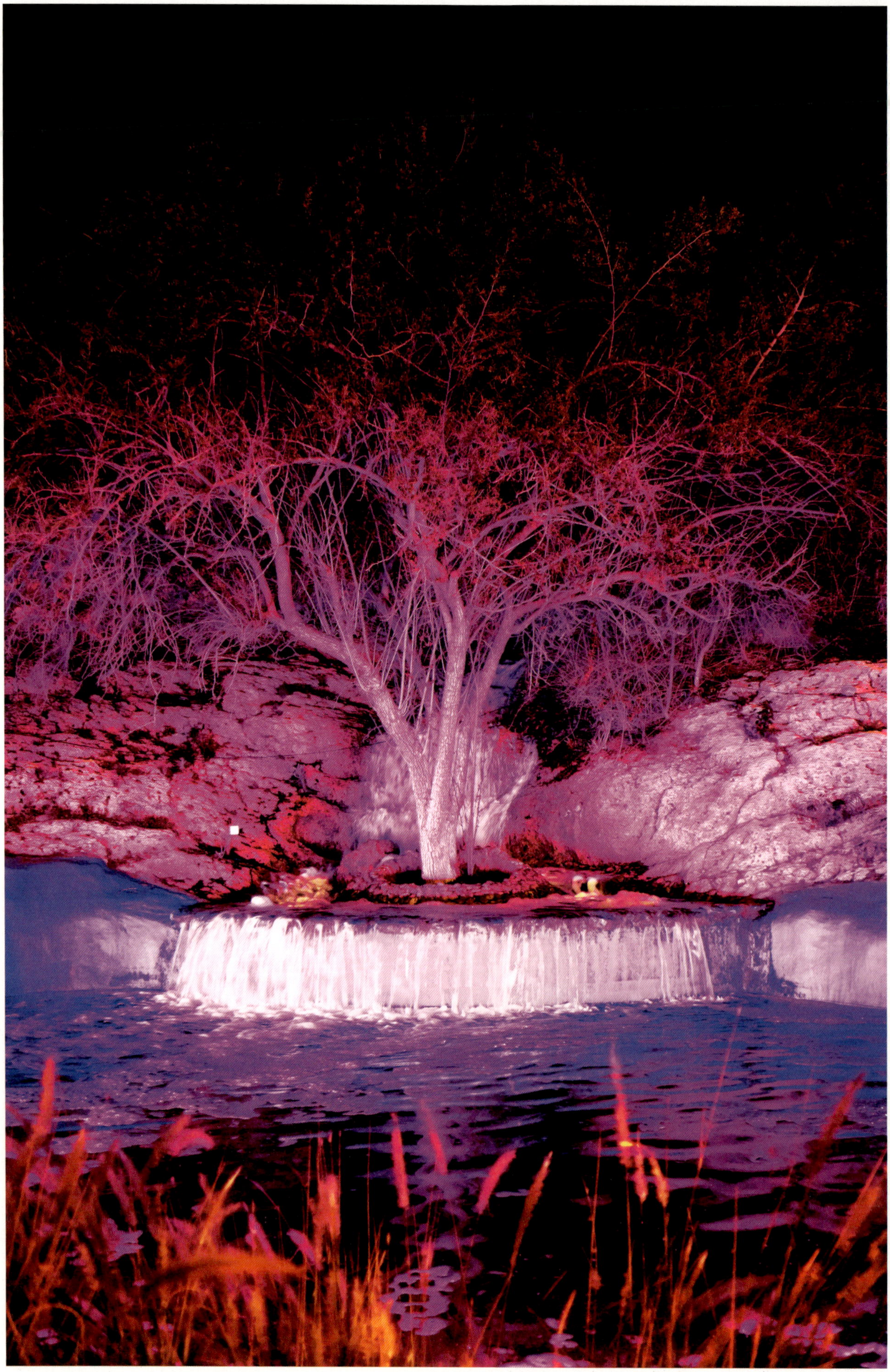

ouligné par un soubassement. Devant eux, se dresse un édifice rré, sans doute le temple du feu à l' abri du soleil.

En fin d'après-midi, nous rejoignons Shiraz non loin de Persélis et nous y aurons une des merveilleuses surprises de notre yage.

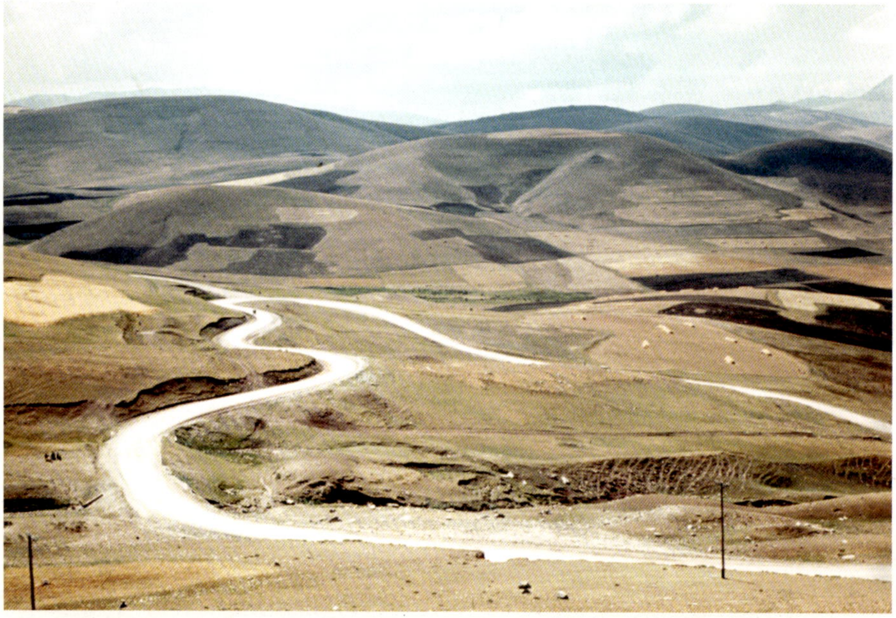

VIII : S H I R A Z .

Dès notre arrivée à Shiraz, vers I7 h,nous nous rendons au reau de poste, dans l'espoir d'y trouver des nouvelles de Bel-que.C'est l'heure de la prière pour les Musulmans et nous trouvons employé,debout sur une sorte de grabat et tourné vers La Mecque, train de faire ses imprécations ,les bras levés au ciel. Nous ons pu fouiller à notre aise tout le pâquet de lettres,prendre ce i nous convenait et partir sans qu'il nous ait seulement remar-és!Nous faisons un petit tour de la ville puis nous en sortons ur aller dresser la tente.Nous sommes occupés à faire la vidange huile lorsqu'une voiture s'arrête près de nous. Ce sont des trichiens habitant Shiraz qui se sont arrêtés pour nous aider oyant que nous étions en panne.Nous les rassurons,mais ils nous vitent quand même à passer la nuit chez eux .Ils nous indiquent route à suivre pour trouver leur maison.Nous y arrivons vers h.Tout est prêt pour nous recevoir:fruits de toutes sortes boissons fraîches(il fait encore à ce moment plus de 35°). us faisons plus ample connaissance pendant la soirée.Nous n'avons icune difficulté pour nous entretenir car la dame parle le fran-is à la perfection (elle est venue ily a quelques années en icances à Liège pour parfaire son français).Le mari,quant à lui, st professeur de machines électriques à l'école d'ingénieurs de 'université de Shiraz.Ils ont trois petits garçons.Ils nous ap-rennent des tas de choses sur l'Iran,sur la région de Shiraz,sur es nomades qu'ils semblent connaître particulièrement bien. hiraz est une ville de I30.000habitants environ. Toute construite n briques,elle est particulièrement fière de son école de Médecine,

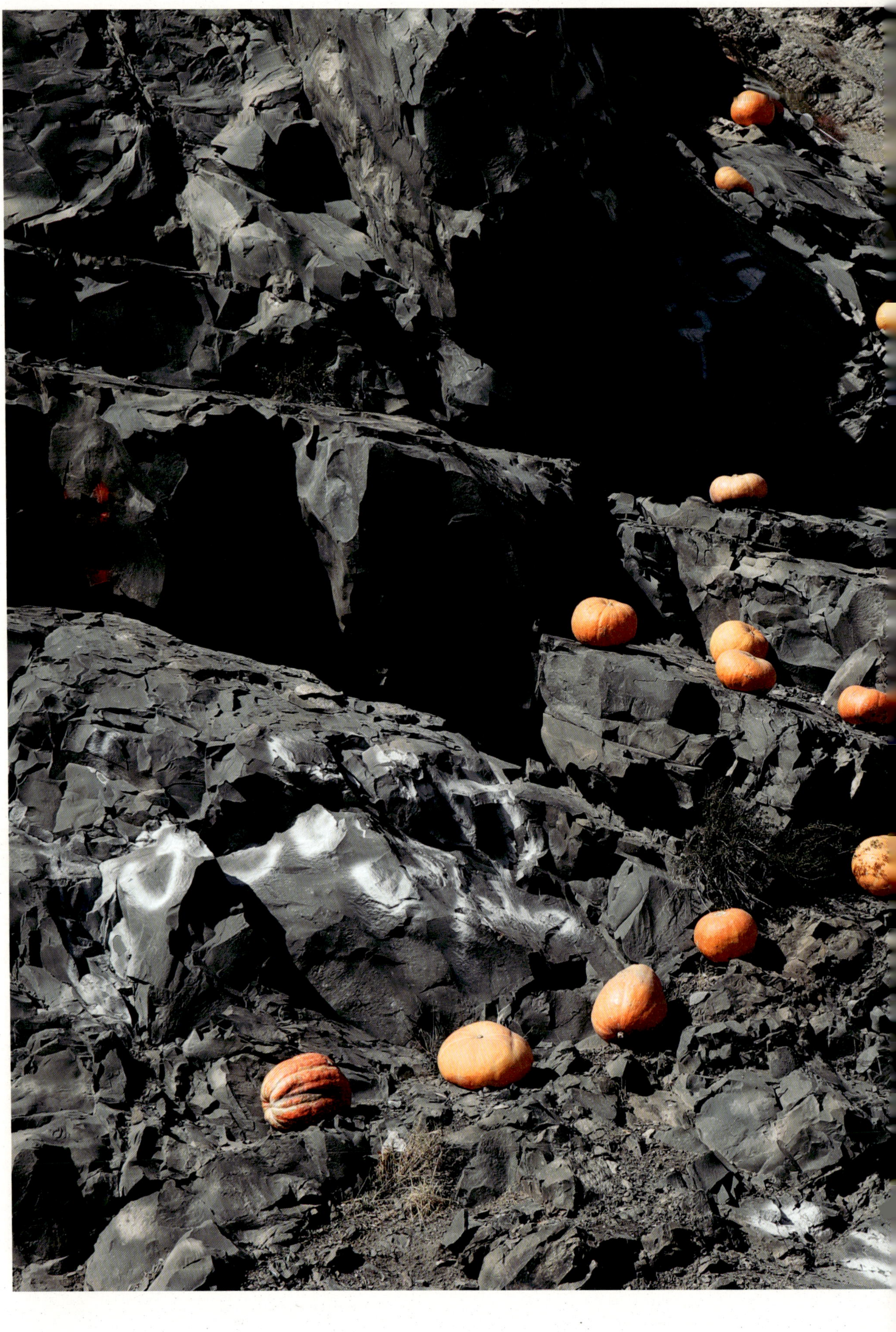

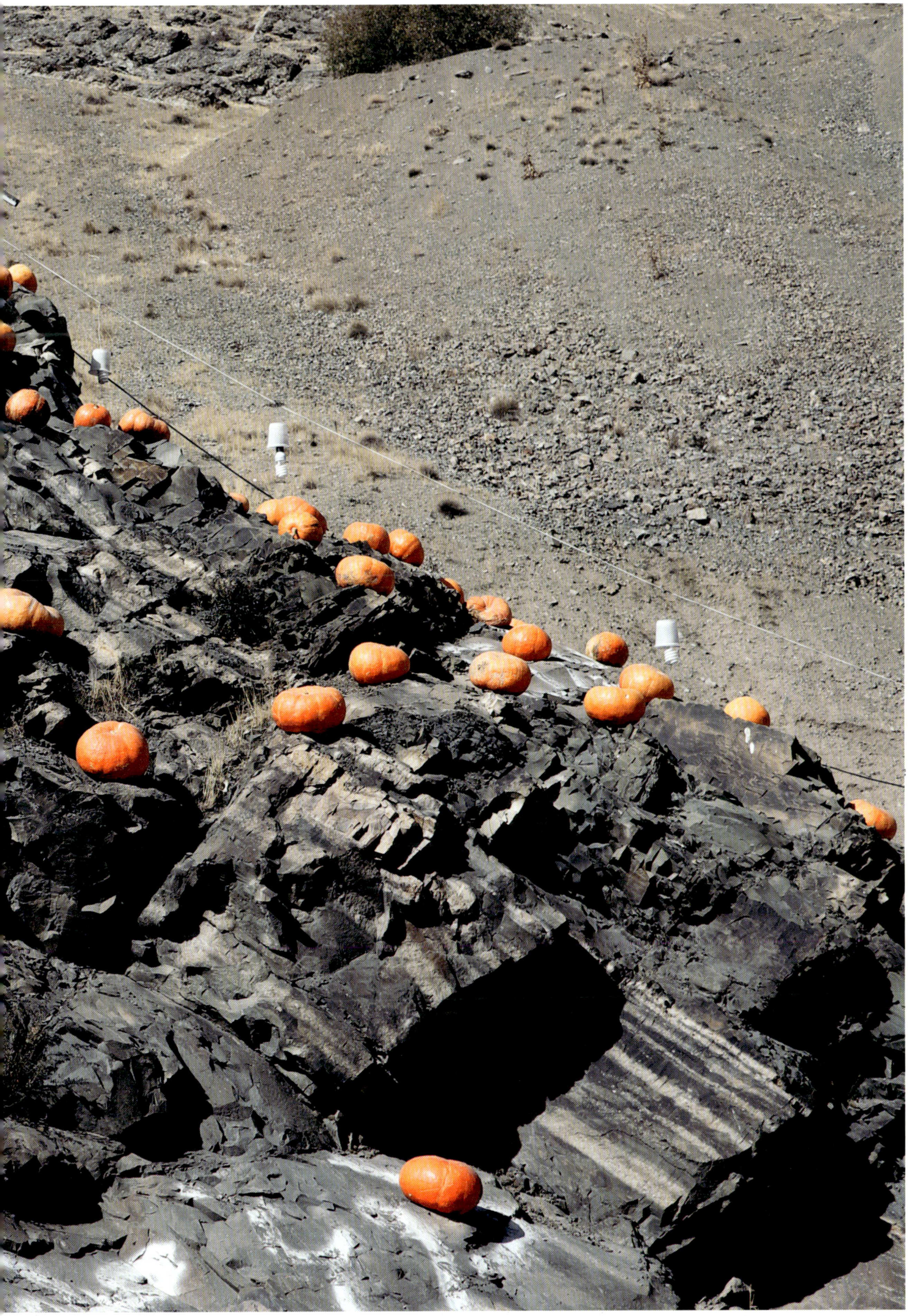

richiens se sont coupés en quatre pour trouver du pain français;

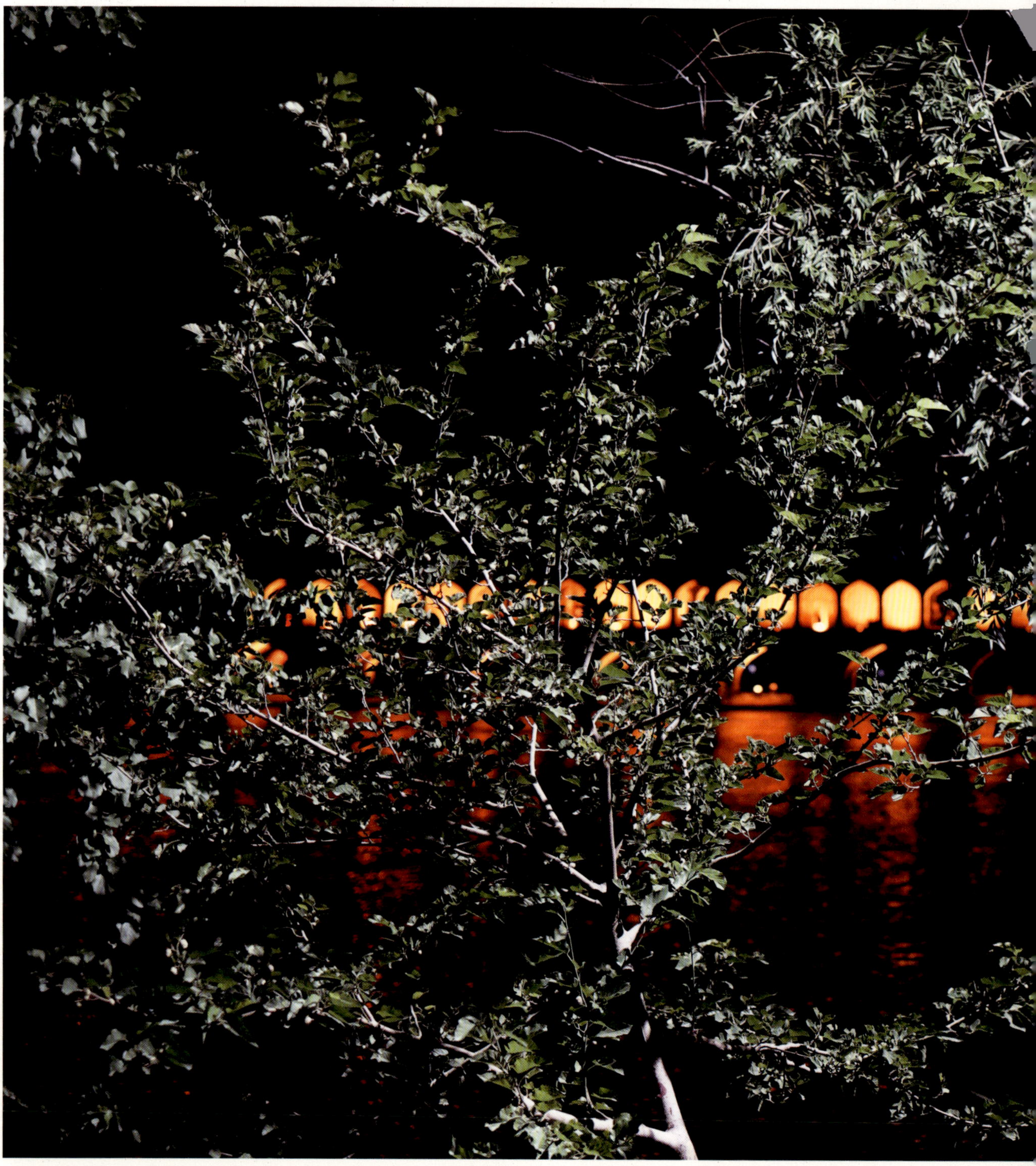

elà nous fait particulièrement plaisir, après prsque I5jours passés
manger des immenses crêpes séchées et aussi épaisses qu' une
euille de papier journal. Au début de la matinée, le professeur
ous fait faire un tour rapide de la ville pour nous montrer l'em-

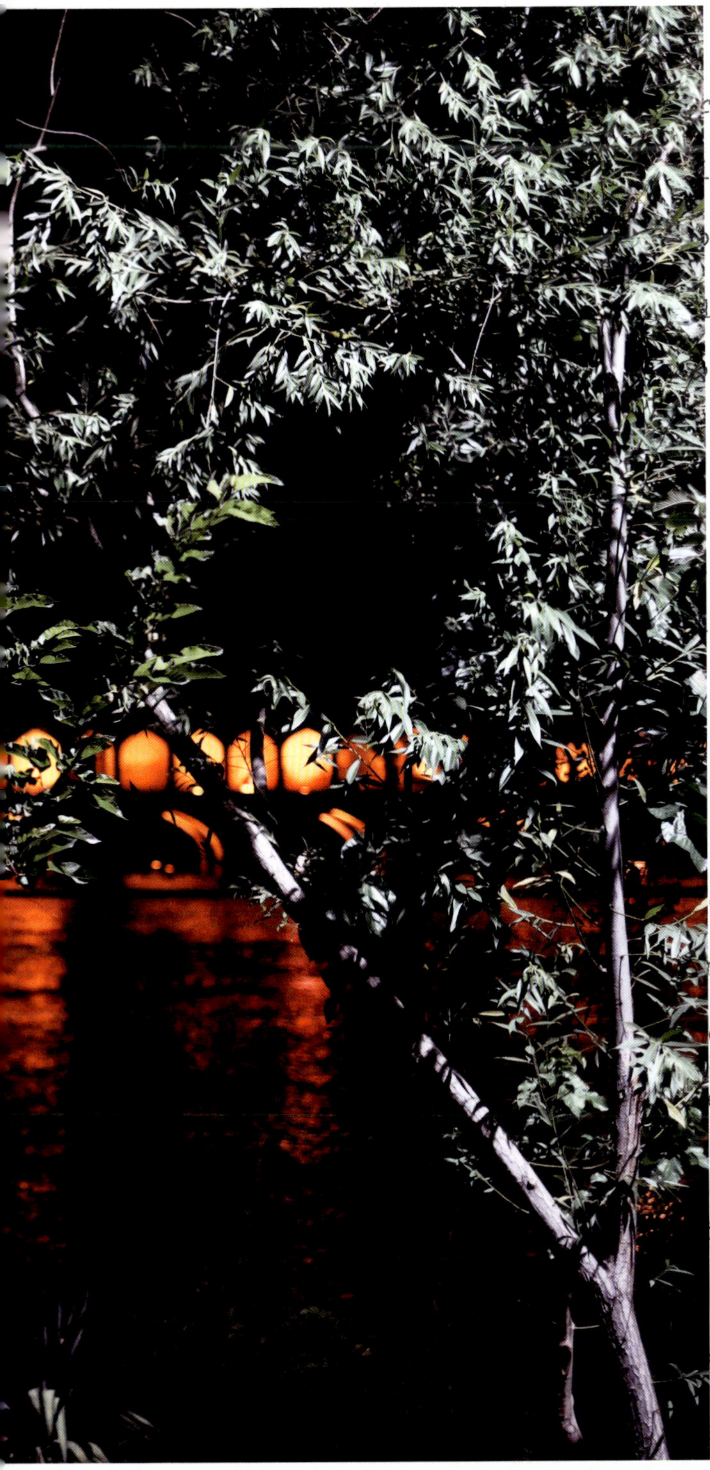

curiosités de la ville. A II h.,
rly et José repartent faire
an a une forte diarrhée depuis
spitalité qui nous est offerte
uée Vakil fut construite vers
us les bâtiments de son épo-
violentes secousses sismiques,
di, après un copieux repas,
hiraz est appelée aussi
écu les deux poètes les
anne: Saadi et Hafez. Ils ont
promenade et de pélérinage
sanctuaire chéri des gens
éraq. Il a été rebâti en I834
mosquée. Le bulbe est bien
écoration géométrique jaune,
est recouverte de glaces, et
l'intérieur, une grande salle,
ie de femmes (on y vient
de gens en prière. Le Bazar
le vue de sa largeur, de sa
etage. Il est situé au coeur
la ville, près de la mosquée Vakil, et il est resté le centre du

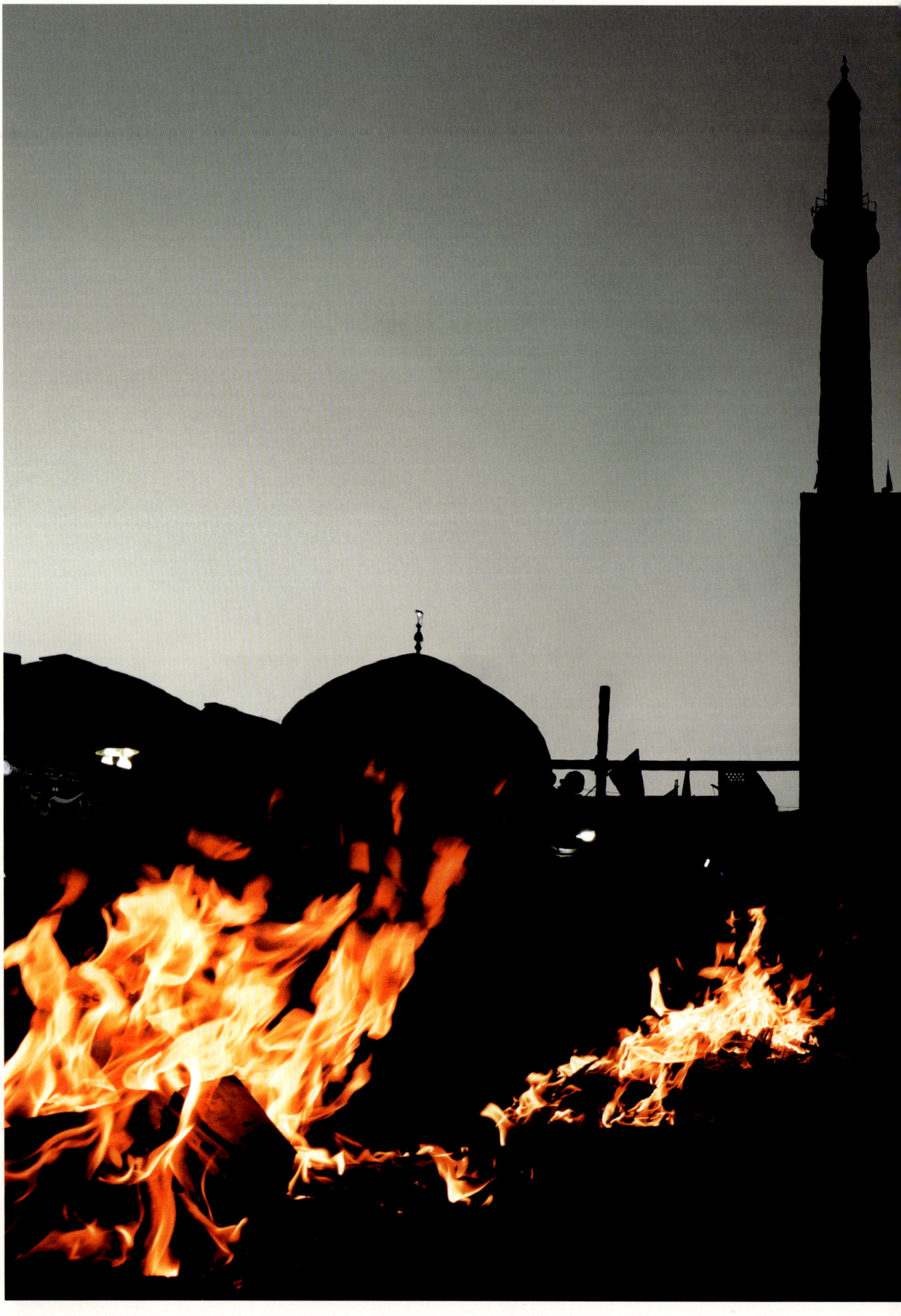

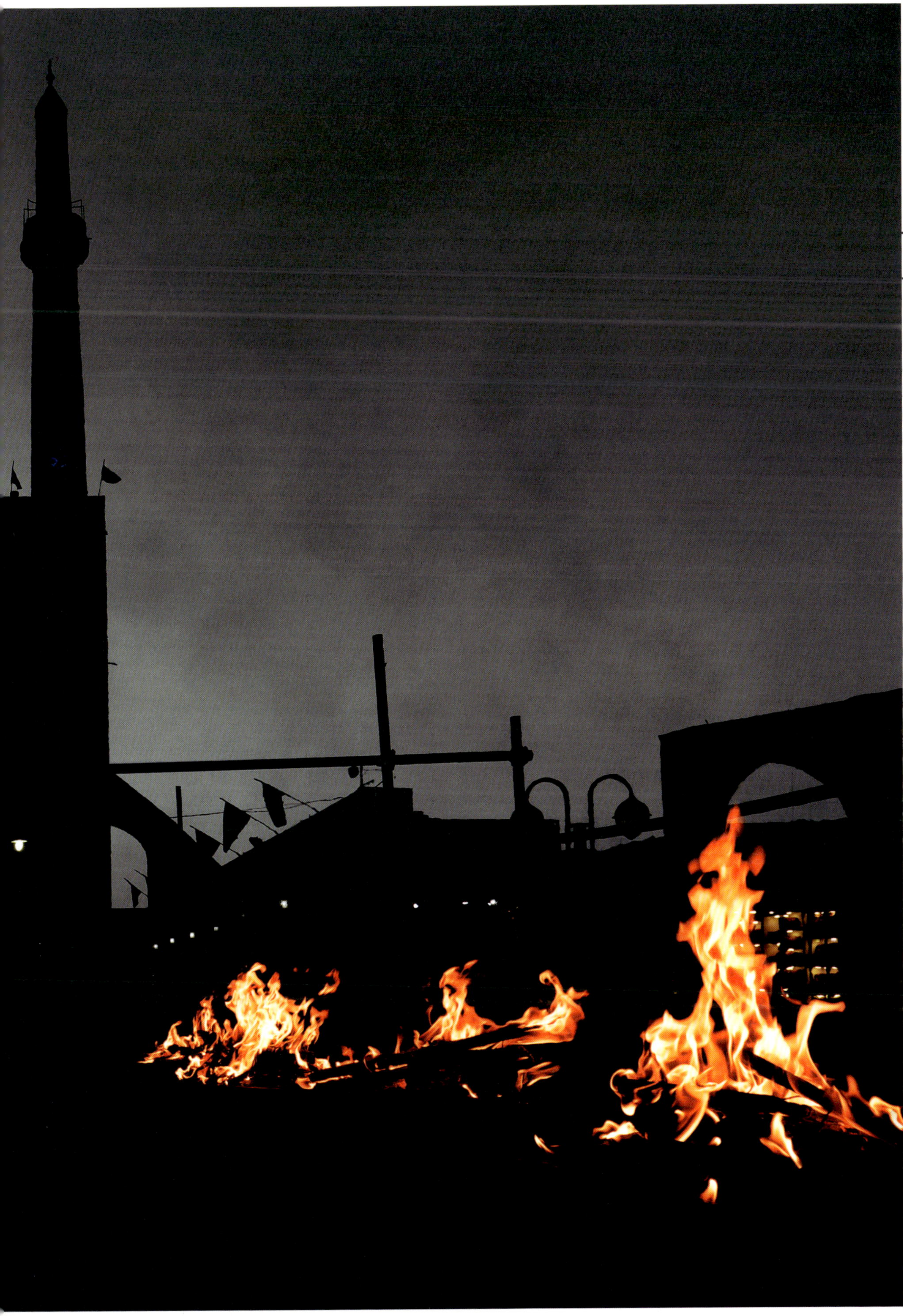

IX : S H I R A Z — A H W A Z .

Après notre très agréable séjour chez le sympathique couple
trichien à Shiraz,nous entreprenons de rallier Ahwaz,distante
environ six cents km.Nous savons que notre route qui longe le
lfe persique,est en de nombreux endroits en très mauvais état:
sence d'asphalte,gros cailloux,épaisse couche de poussière.Nous
ignorons pas non plus que nous aurons à affronter une chaleur
rride dans cet dire
e nous appréhe ntrer
s Autrichiens ement
ninuées par le é
e foule de ren i-
ntation.Celle- m-
rtante absorpt à
x litres chacu tés.
s nous avaient s

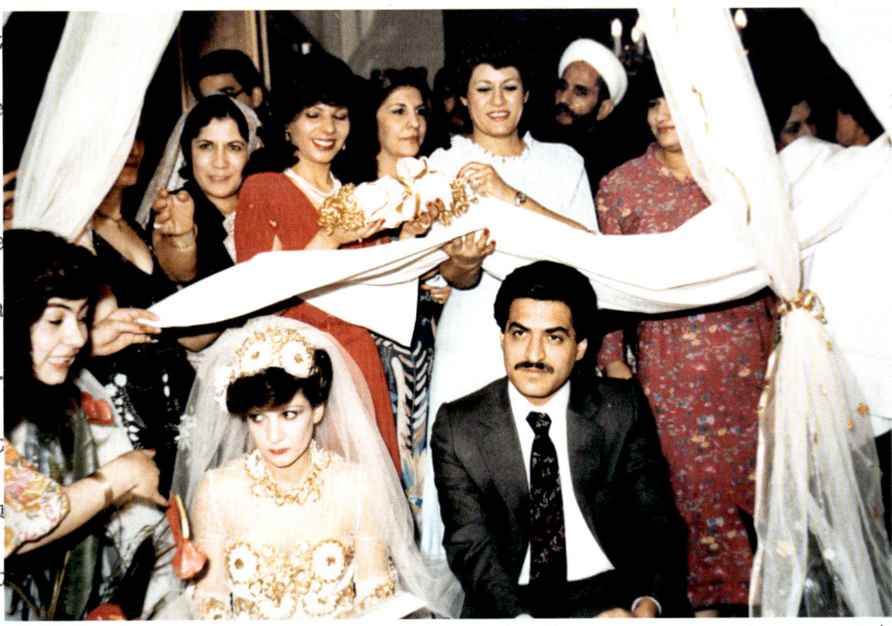

grosse partie de légumes, pour compenser le sel perdu par trans-
ration.

Avec un moral revenu au beau fixe,une santé retrouvée,nous
us élançons à toute allure vers Ahwaz mettant à profit un excel-
nt état dela chaussée récemment construite.Tout autour de nous,
dressent d'innombrables collines au teint roux,tachetées de
de là parquelques chardons ou touffes d'herbes séchées.Plusieurs
is,nous devons stopper pour laisser traverser des troupeaux de
utons dont la sale et épaisse toison dissimule mal leur incroyable
aigreur.

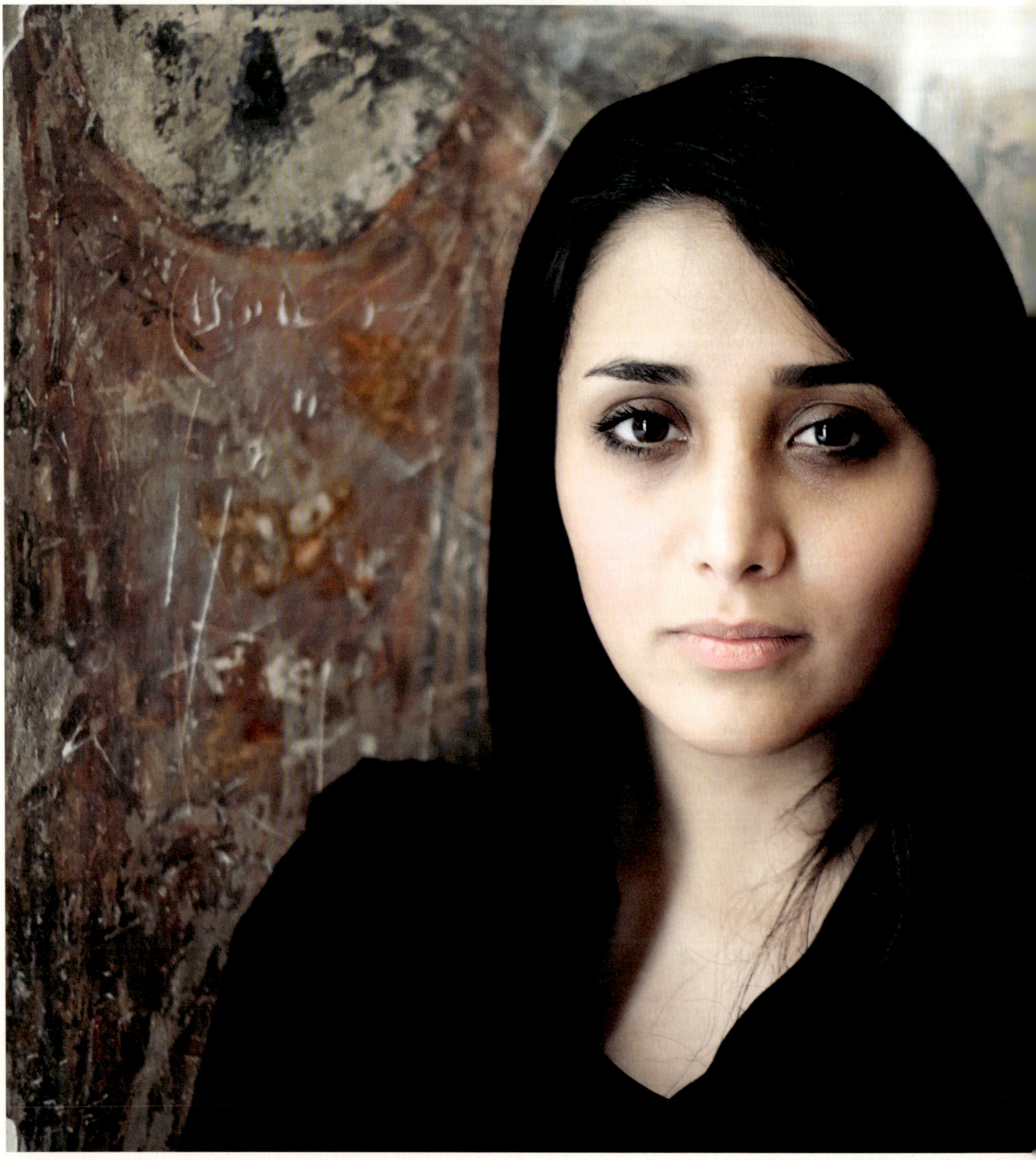

Bientôt hélas, l'asphalte disparaît: de gros cailloux parsèment la piste recouverte d'une épaisse couche de poussière. Dans la plupart des virages, nous sommes obligés de nous déporter complètement vers la gauche pour laisser manoeuvrer les camions citernes

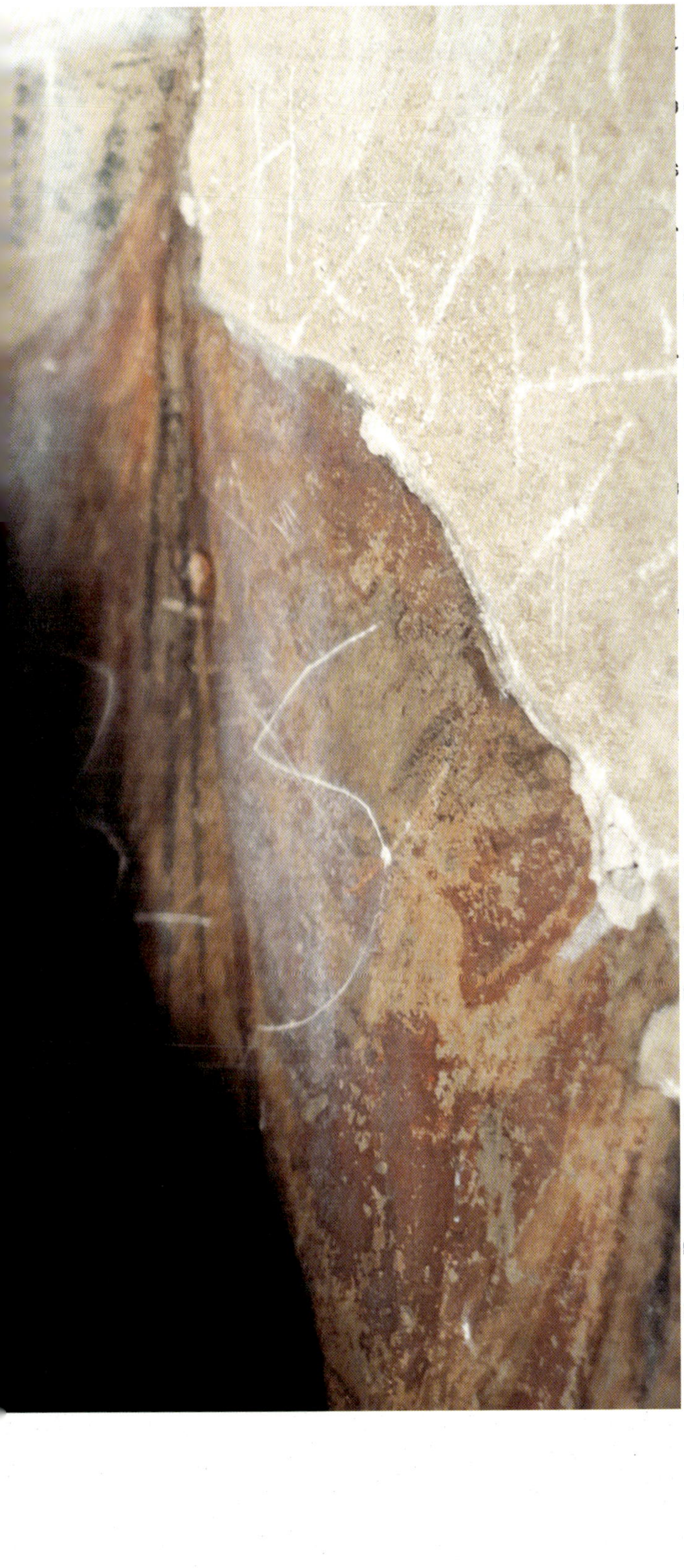

ables nuages de poussière.
our nous désaltérer et permettre
redoutons particulièrement un
ait pour un temps indéterminé.
qu'à allure réduite, à peine
ès avoir roulé pendant trois
nous bifurquons vers Shapur,
t renseigné les Autrichiens.
terre qu'une dizaine de jeunes
nt de nous guider le long des
tiques bas-reliefs, taillés à
t l'investiture du prince
romenade, nous n'hésitons pas
s le petit ruisseau qui coule
evient véritablement accablante
e le matin de Shiraz est chaude:
la camionnette quelques 60 °C.
réfection du chemin ont abandonné
pont voisin. En ce debut d'
nt calme; tout le monde dort.
re tour, nous nous étendons près
, pour fuir cette chaleur torride.

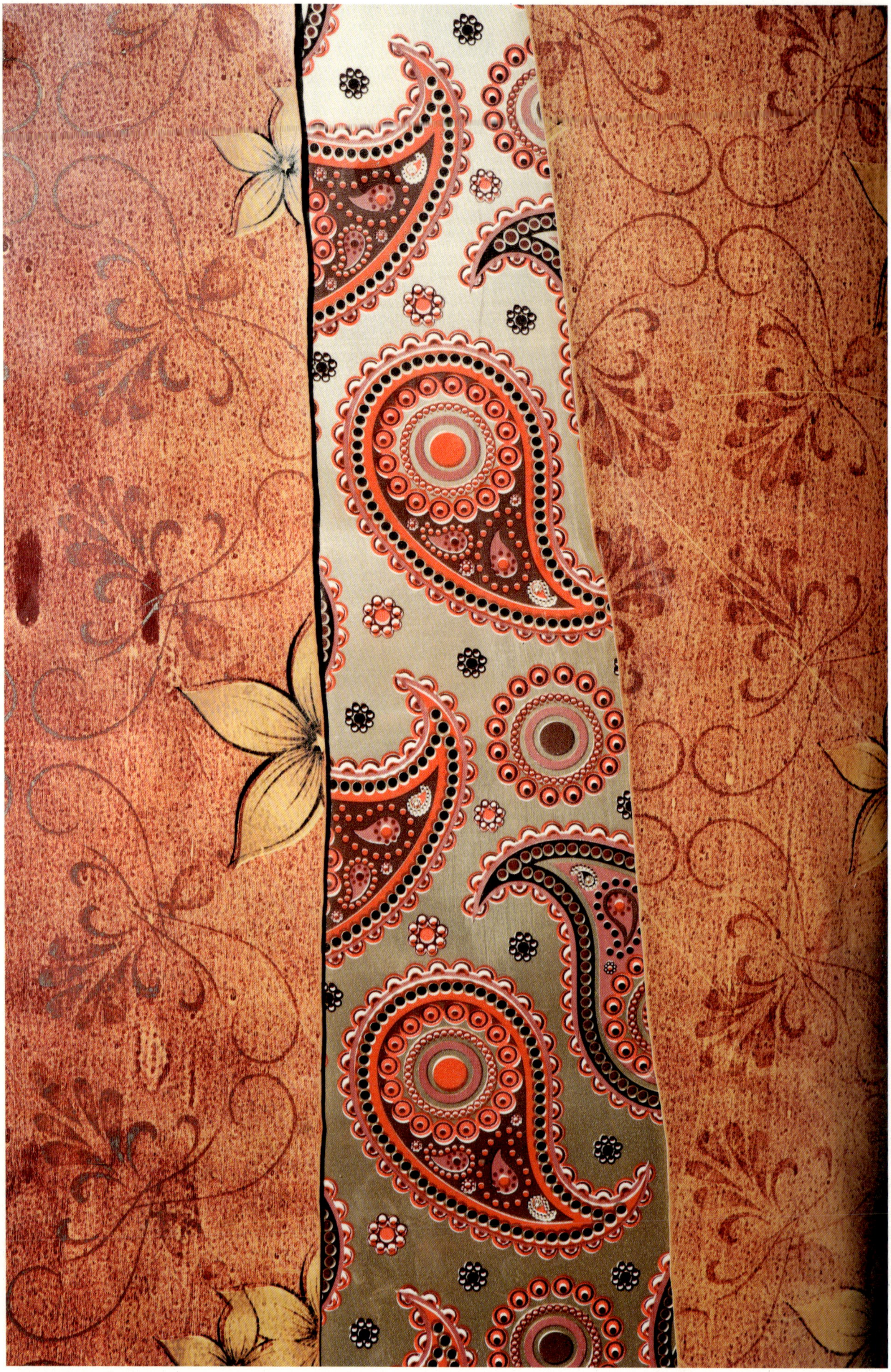

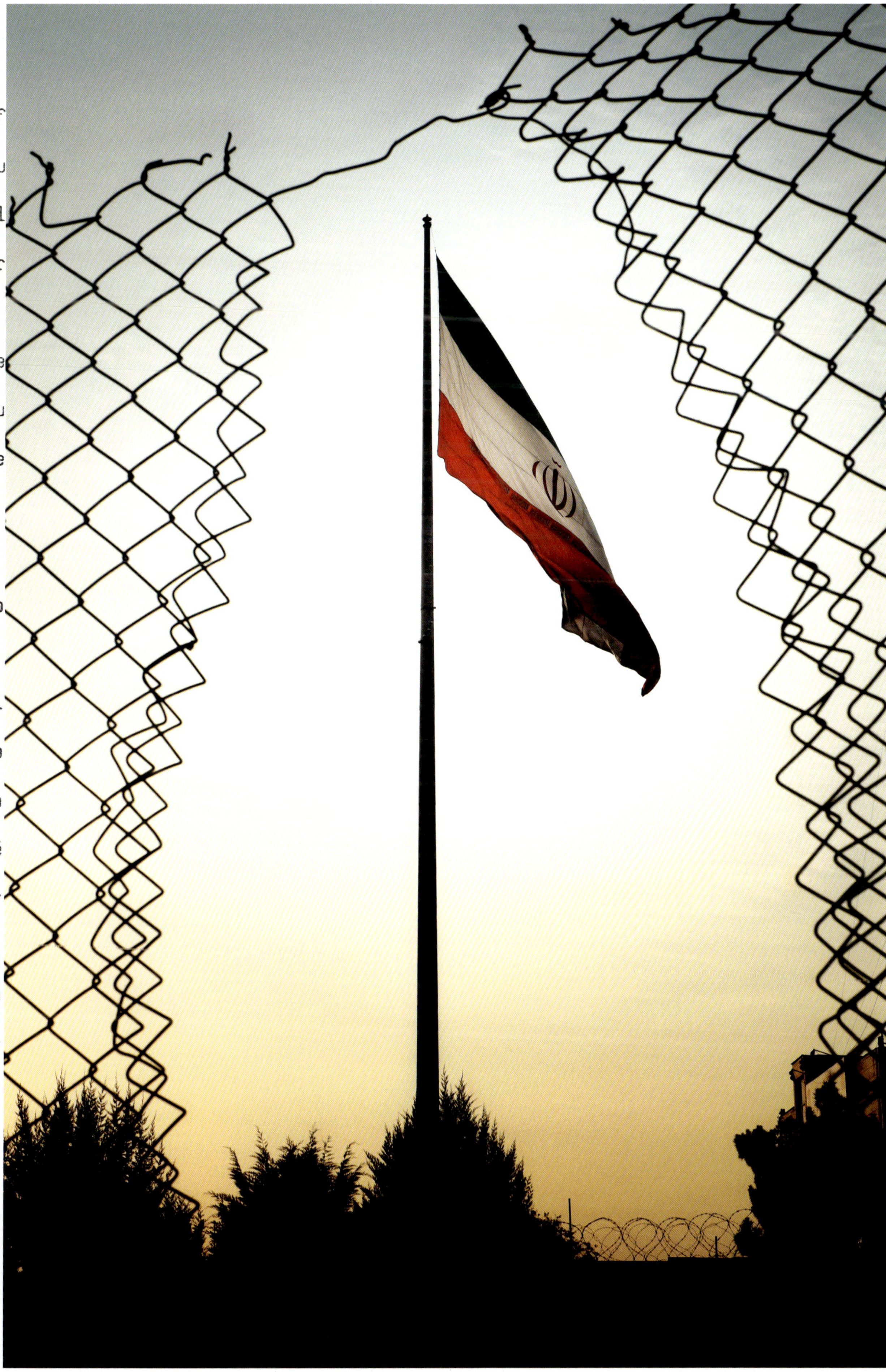

enf

rou nes

obl

jar

si ons

pre

tou

vie tive,

ne

aup

Il

vil

exp

lon a

été

par sser

la nes

nou

sor r

la nent

aux s

les

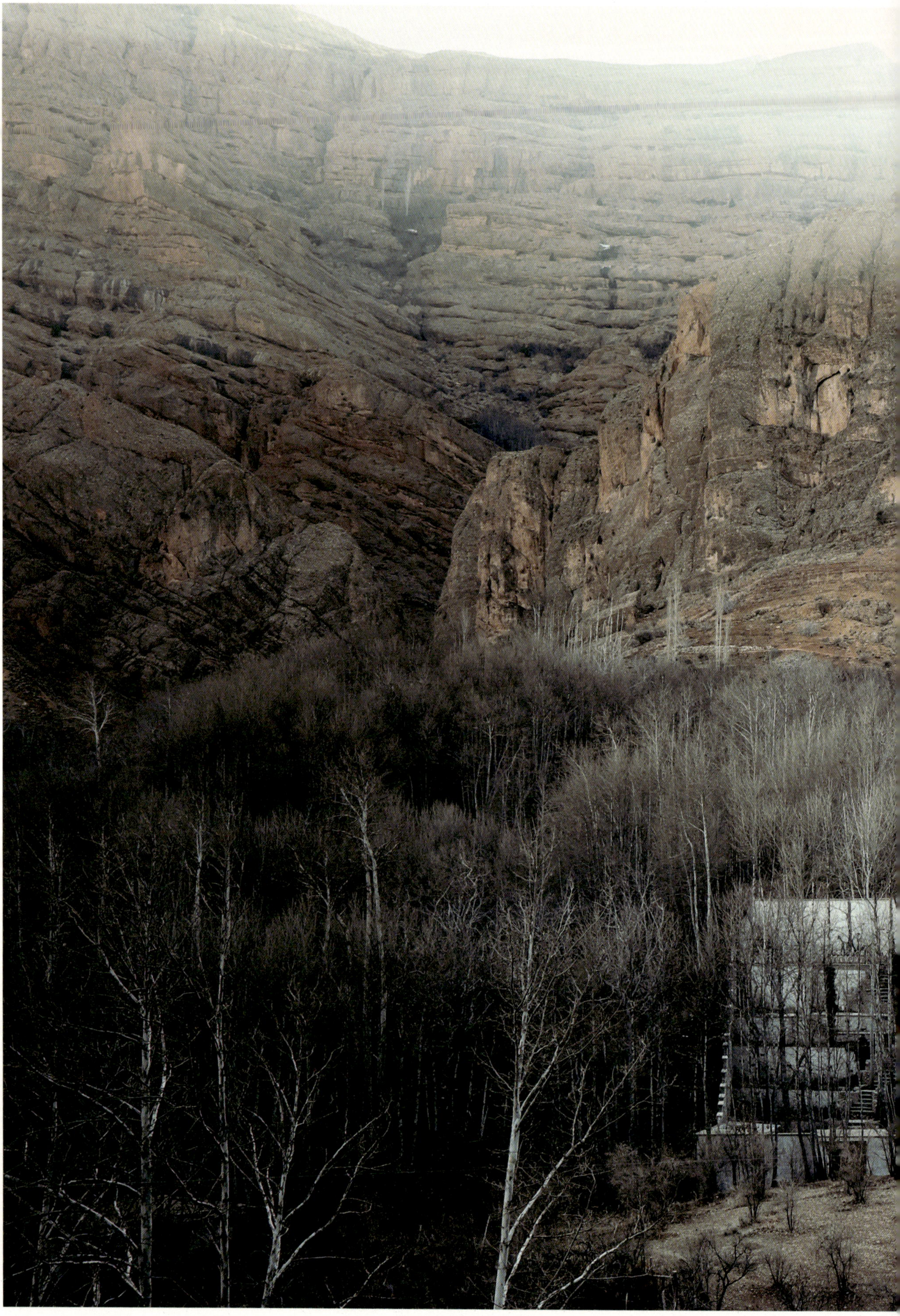

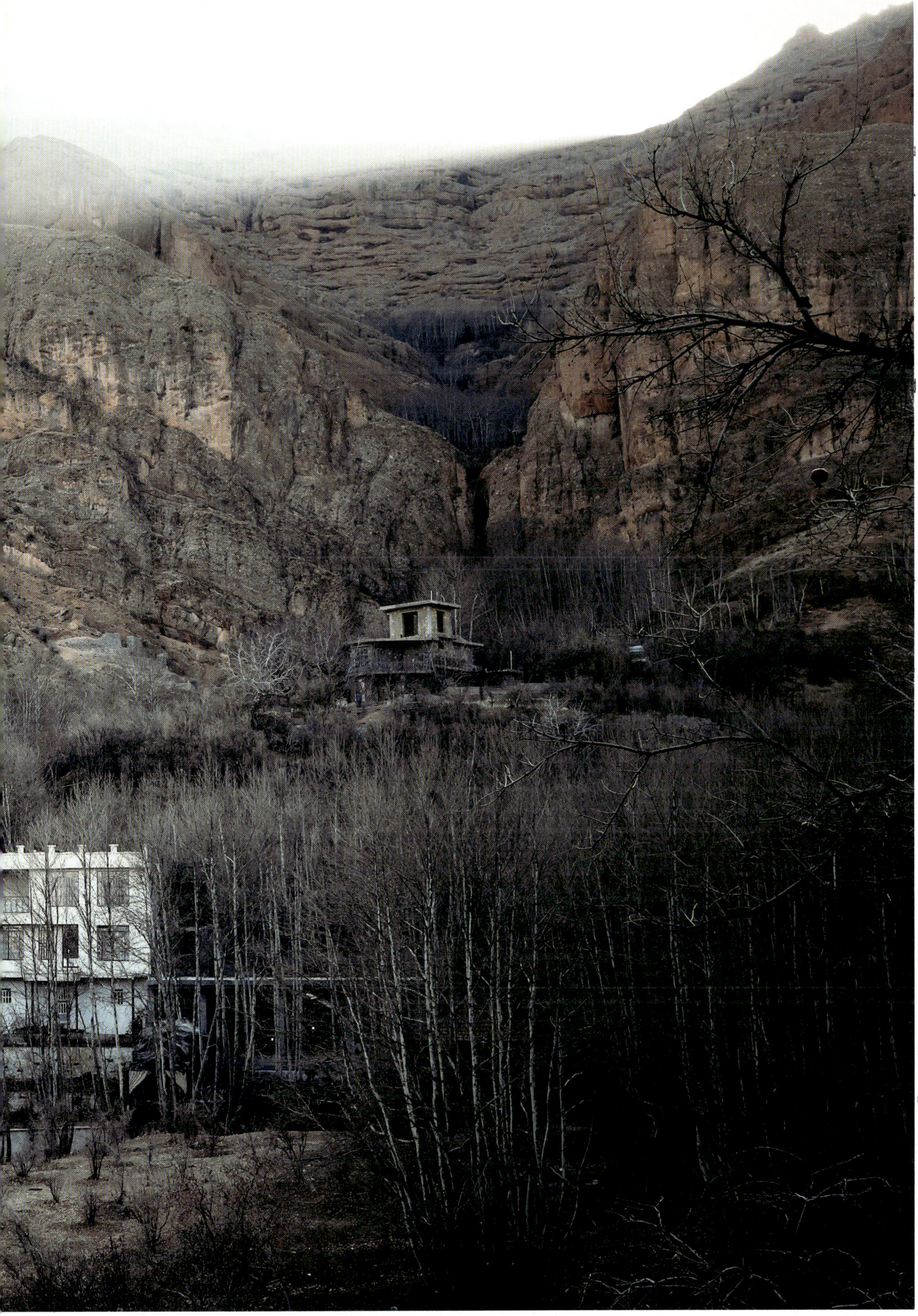

e,
e
re
'
qu'
thé
x
it
roc
er
coup
llons

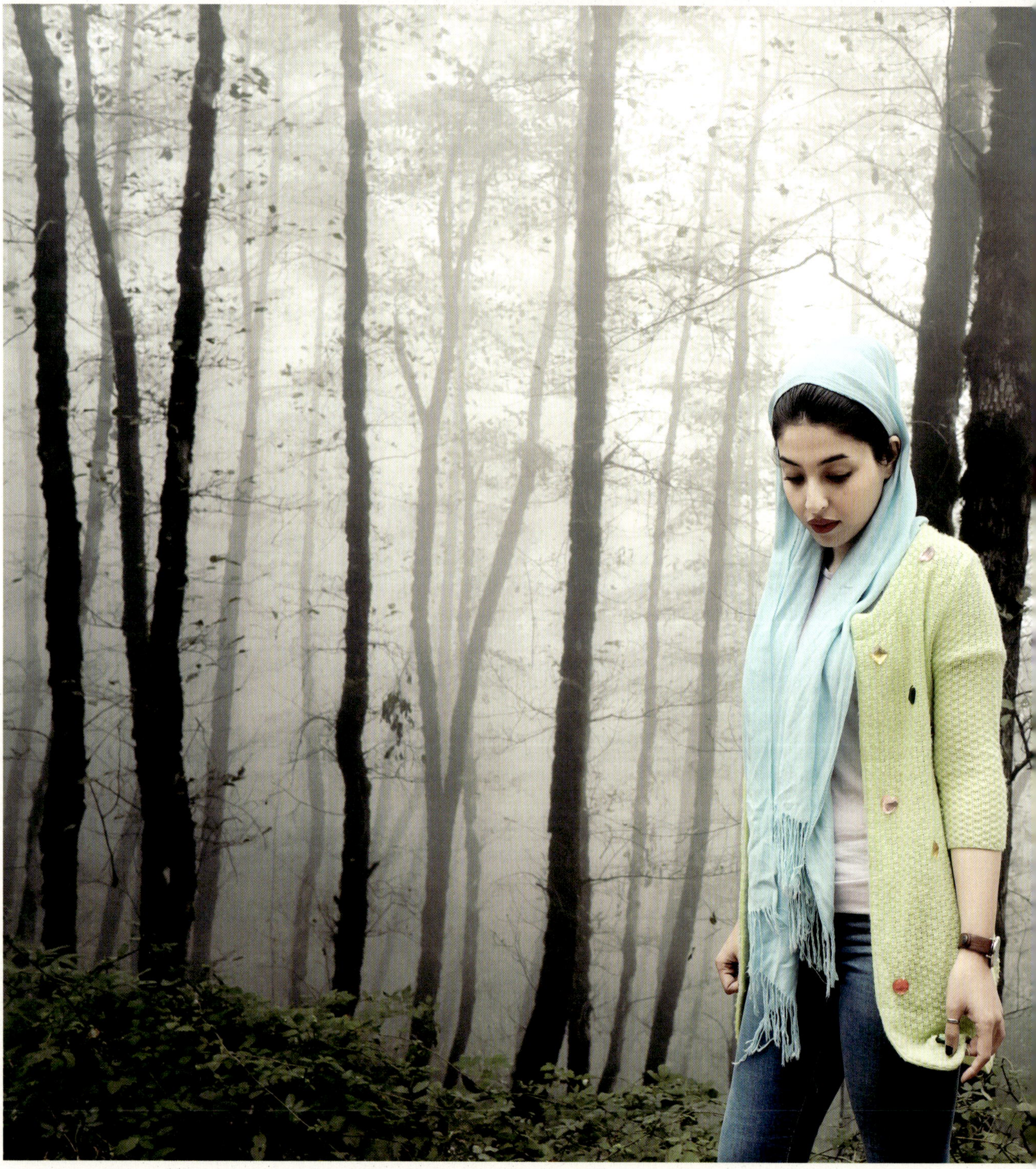

est pratiquement impossible vu la chaleur qui y règne.

Le lendemain matin, dès sept heures, après un déjeuner au

rtons à une vingtaine vers les
'eau fraîche et toute une
d'abord un torrent asséché d'
ge et puis c'est l'escalade
t devant une paroi verticale
mètres. Un villageois, pieds
côté et à attacher une corde
e, nous franchissons la paroi
là-haut, nous surplombons
nte.
s rentrons au village, épuisés
eusement désaltérés, nous
e scénario, les gens se pressent
et nous souhaiter bonne route..
ritable désert: le chemin est
ts seulement; ailleurs, il est
de poussière. Sur un de ces
reux, une Fiat, roulant à
e. Elle reste littéralement
t une épaisse couche de poussière
er, aveuglés, et d'attendre que
.

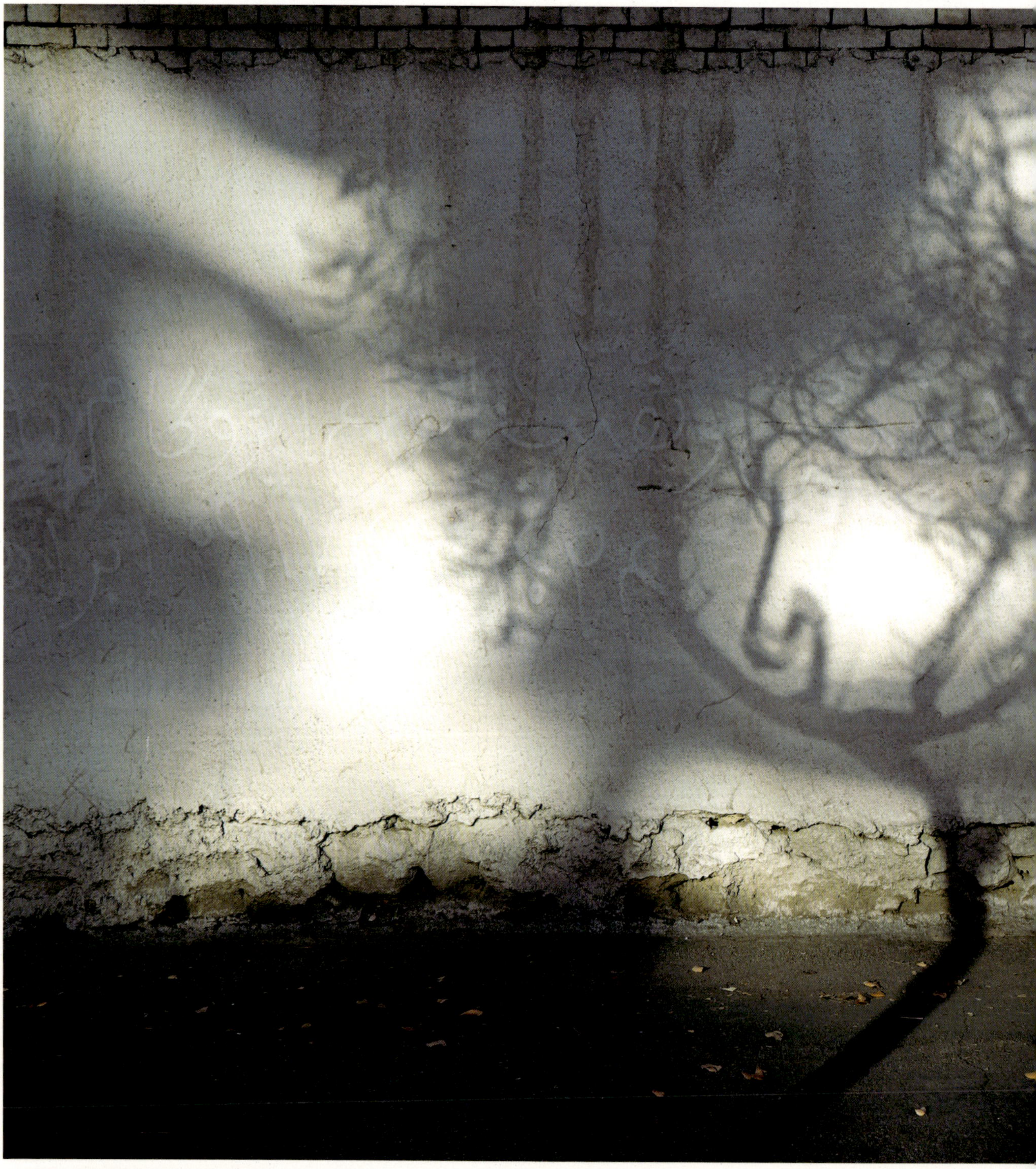

Nous approchons d'Ahwaz. De tous côtés, jaillissent par dizaines d'énormes flammes de 20 à 30 mètres de haut. En effet, le gaz s'

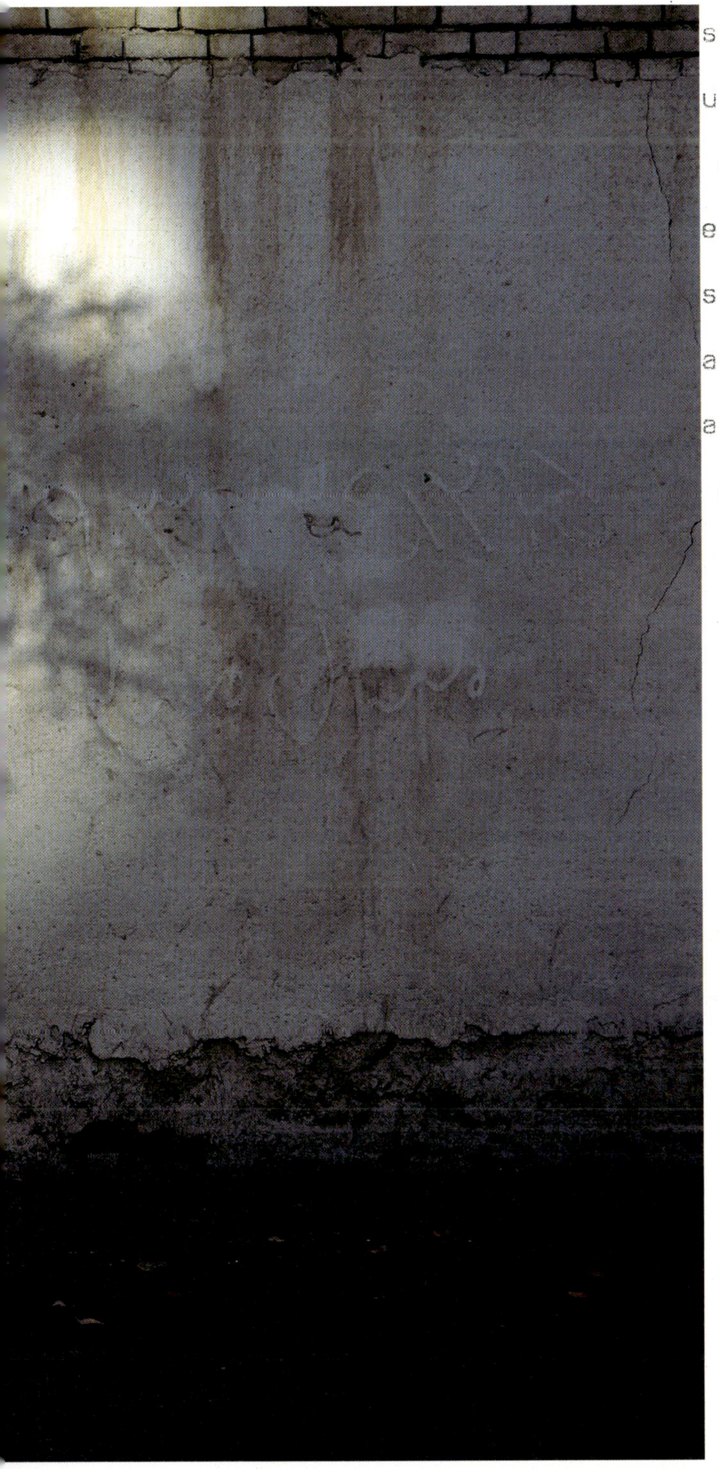

st pas récupéré et est brûlé

uvons des difficultés pour

carreaux, nous sentons des

es narines. Il est plus de

s Ahwaz, ville située en bordure

approche encore les 50 degrés;

au-delà d'Ahwaz pour trouver

notre campement.

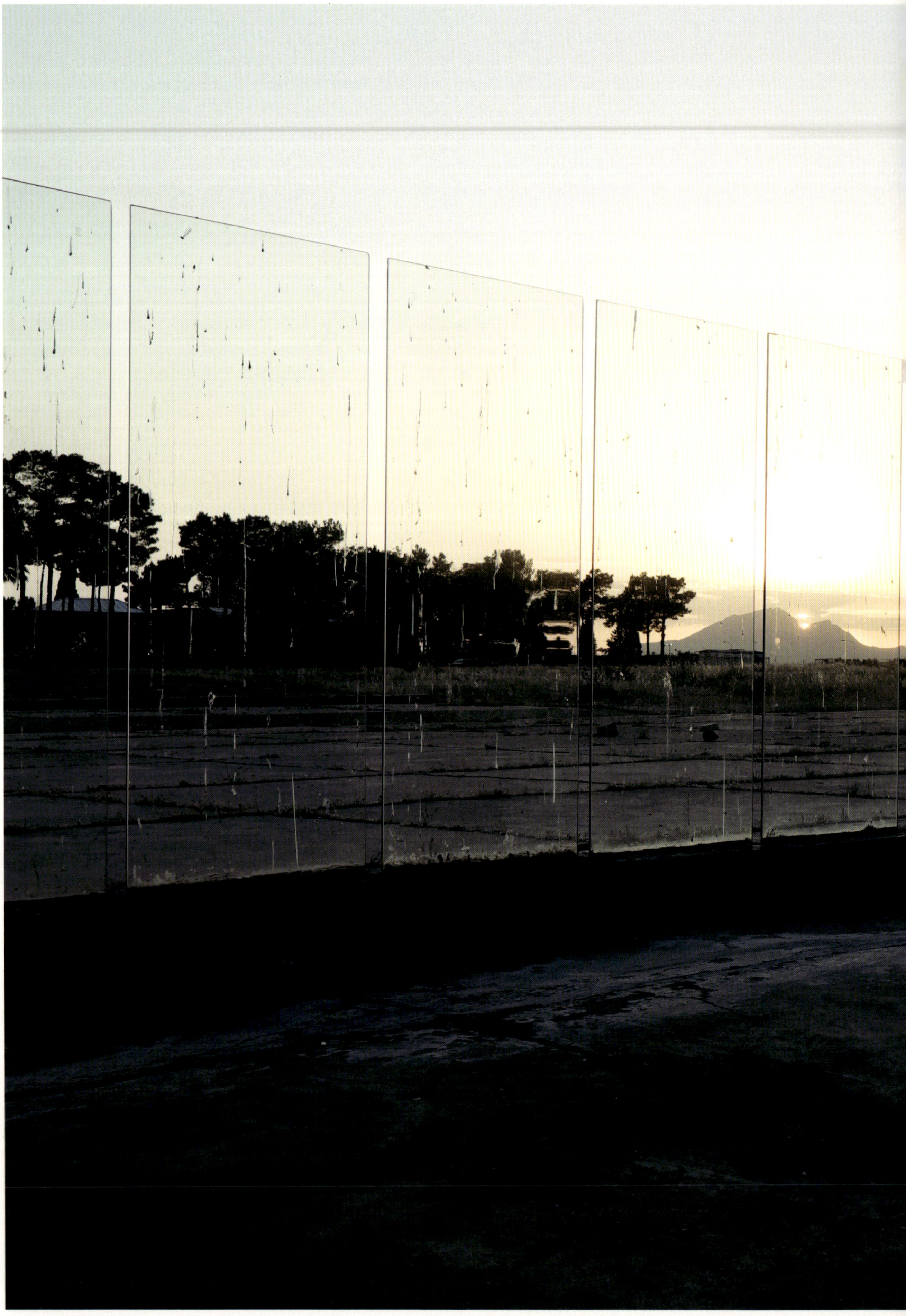

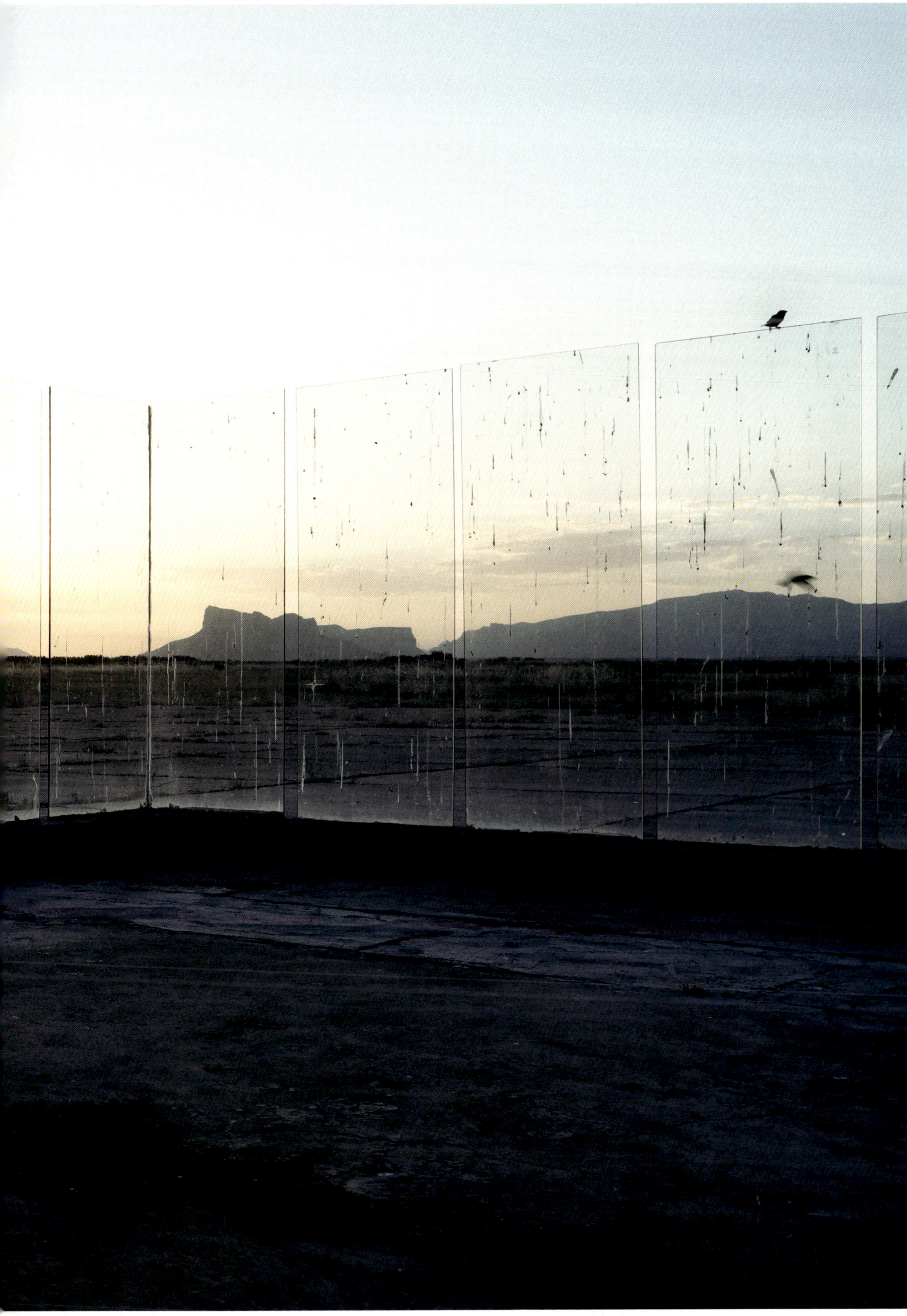

.

t

t

de la

.

ur

ent

ger

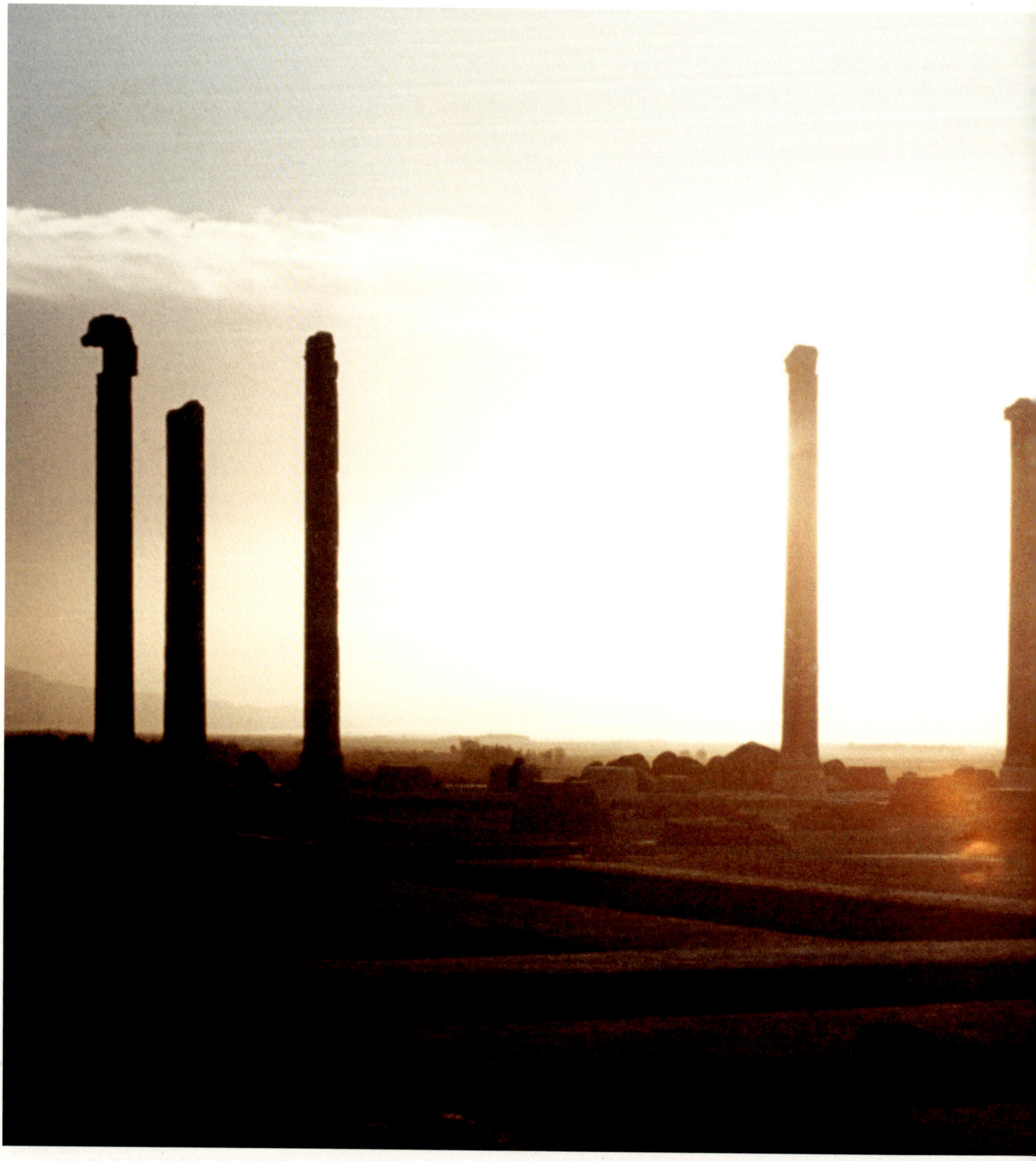

En Iran, le pain a l'aspect de crêpes aux dimensions variables, mais toujours très minces. Il faut le manger lorsqu'

dur et cassant, et il est

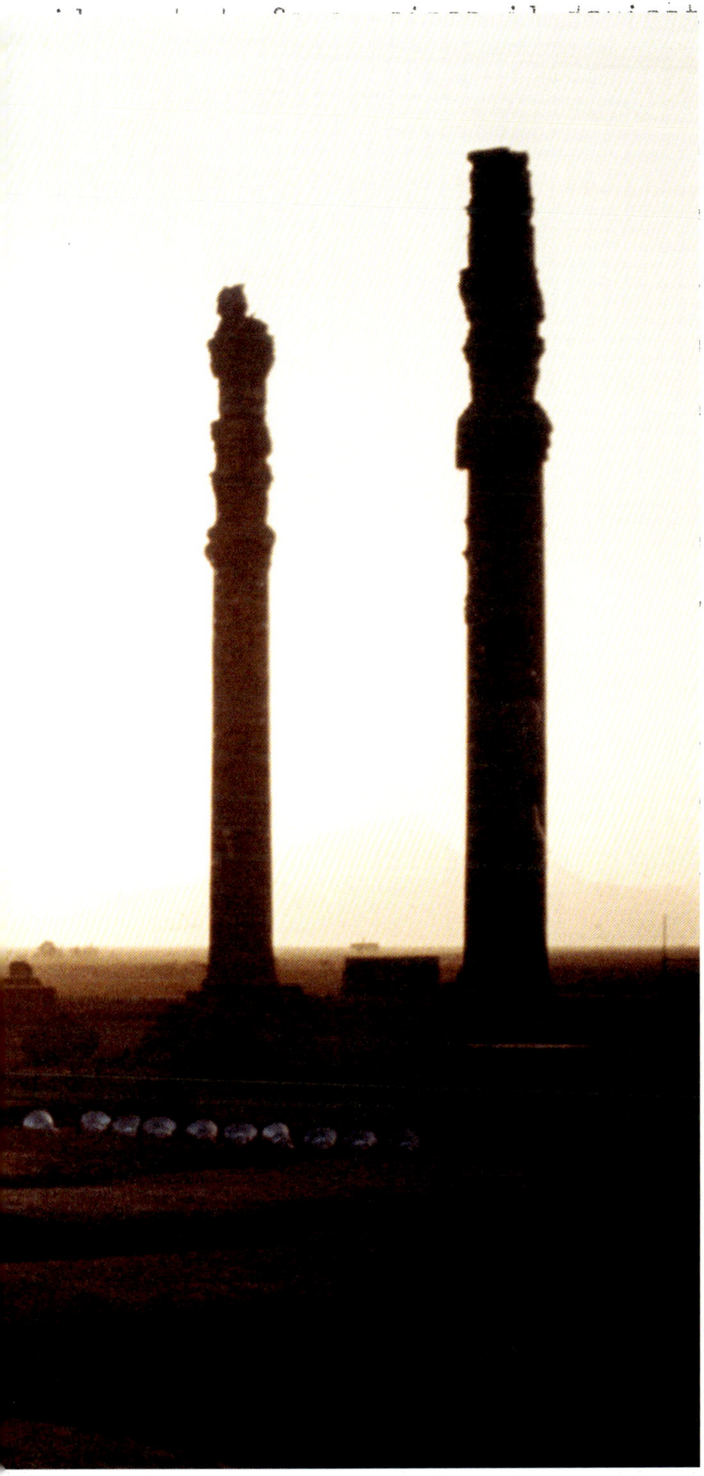

e petite boutique. Le gars veut
ille; les oeufs sont à 3 rials
e prix est brusquement monté à
uberge quelques kilomètres
au potable; c'est avec surprise
déguster un liquide blanchâtre
. L'un d'entre eux, soupçonnant
erre. Christian goûte: c'est
surprise: l'Iranien qui a
signe de la tête qu'il s'
yons à sa table et aussitôt
tise" à chacun. C'est l'occa-
seignements sur l'endroit où
que site de Tchoga-Zambil. Cet
tation de cannes à sucre, est
fait, c'est après avoir par-
rès de la plantation qu' il
hemin, apparaissent les pre-
mbil; les exploitants de cette
touristes viennent rôder

autour de leurs installations de raffinerie du sucre de canne; ils craignent que des espions ne dérobent leurs méthodes de raffinement, c'est pourquoi le site historique de Tchoga-Zambil n'est pas signalé le long de la route principale. A l'entrée de

la plantation, … et ensuite
la date à laqu … mbil, situé
30 km plus loi … s pas
revenus le jou … ira à
notre recherch

Les Autri … lan pour
accéder facile … y serions
jamais parvenu … une piste
aride. Nous tr … mment il
n'y a âme qui … stesse
d'ensabler la … une caravane
de chameaux et … oyablement
maigres, brout … di, quand
tout à coup su … gourat",
temple élamite … sion
signifie "mont … r à étages

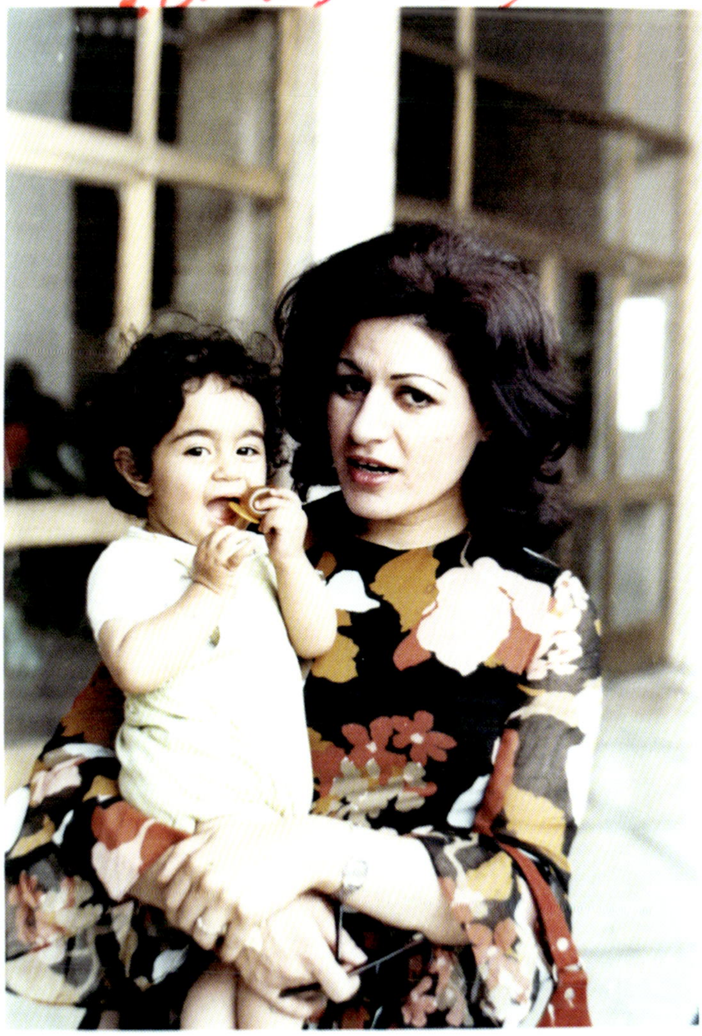

en retrait semblable aux pyramides égyptiennes. Elle fut mise à jour il y a quelques années seulement, et est actuellement en reconstruction. Une partie de cet édificeétait réservé au culte du dieu suprême des Elamites. Les inscriptions à l'extérieur de la tour construite en briques mentionnent le nom du roi qui a ordonné son édification et celui du dieu en l'honneur

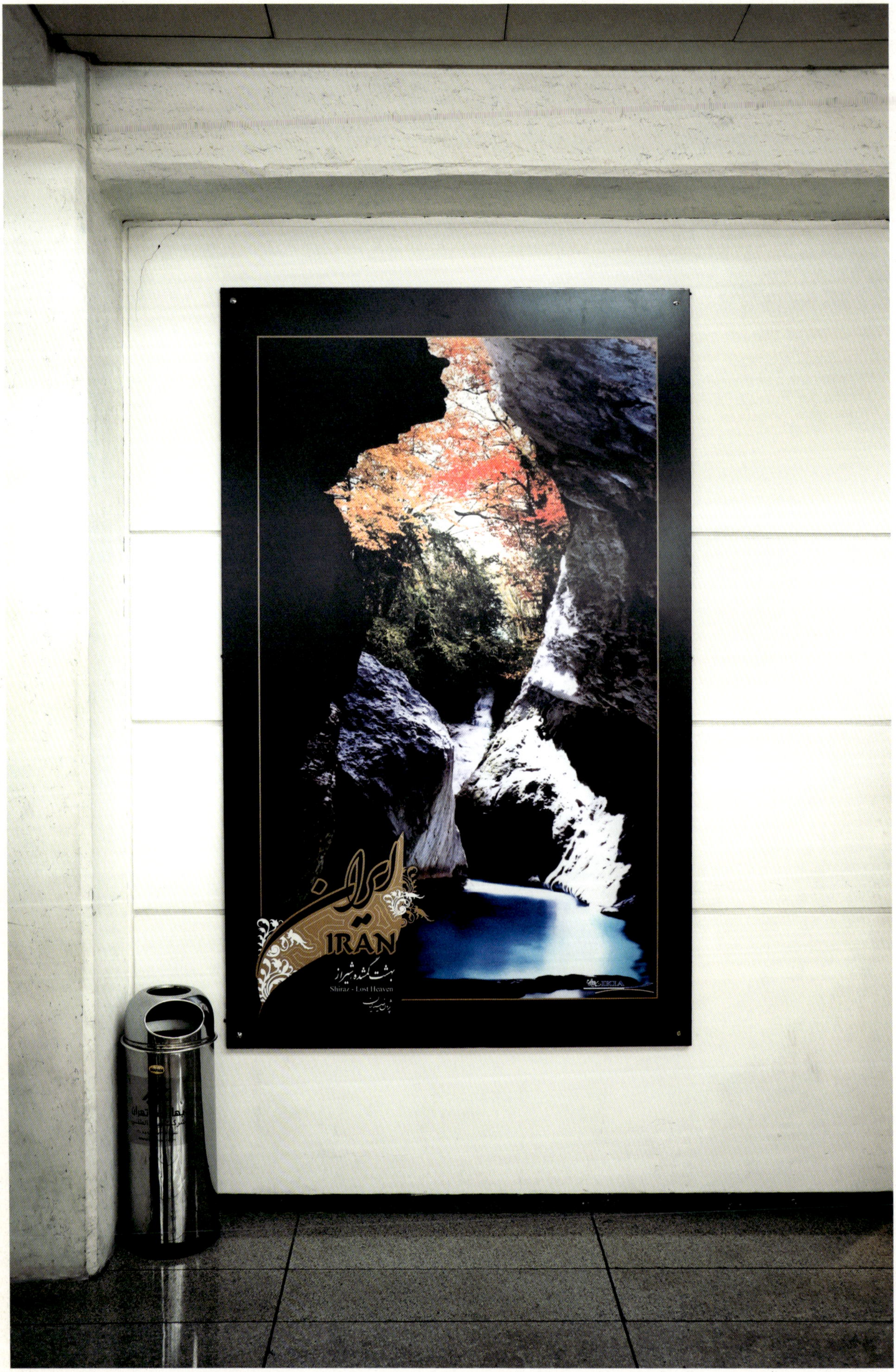
ایران
IRAN
بهشت گمشده شیراز
Shiraz - Lost Heaven

duquel elle a été élevée.

Ce fut sans aucun doute le point le plus chaud du voyage: chaleur suffocante, pas le moindre souffle de vent. Tout près du temple, un poste de gendarmerie désert abrite des cadavres asséchés d'animaux qui y avaient trouvé un peu d'ombre, mais plus rien à boire. Il règne un calme effrayant; les travaux de reconstitution de la ziggourat s'arrêtent durant l'été; travailler sous une telle chaleur est impossible. La visite de la ziggourat s'effectue torse nu, un essui-mains autour du cou pour s'éponger. Tout à coup, un lièvre surgit derrière un pan de mur; c'est le seul être vivant vu à cet endroit.

L'eau des bidons est inbuvable: il reste heureusement un peu de café pour se désaltérer. La soif ne permet pas qu'on s'attarde davantage; nous revenons sur nos pas; en effet, il n'existe qu'une seule piste allant de la plantation à la ziggourat où elle se termine d'ailleurs. C'est véritablement assoiffés que nous parvenons au poste de contrôle près des installations de la raffinerie. On nous offre de l'eau fraîche, avec des morceaux de glace, le tout dans une boîte d'huile en fer blanc.

A une vingtaine de km de la plantation (c'est le seul point de repère de la région) se trouve Suse, une des plus anciennes villes d'Asie. Près de six mille ans de civilisation sont enfouis dans le sol. C'est là vers 3000 avant J-C qu'apparaît pour la première fois l'écriture pictographique qu'on n'est pas encore parvenu à déchiffrer.

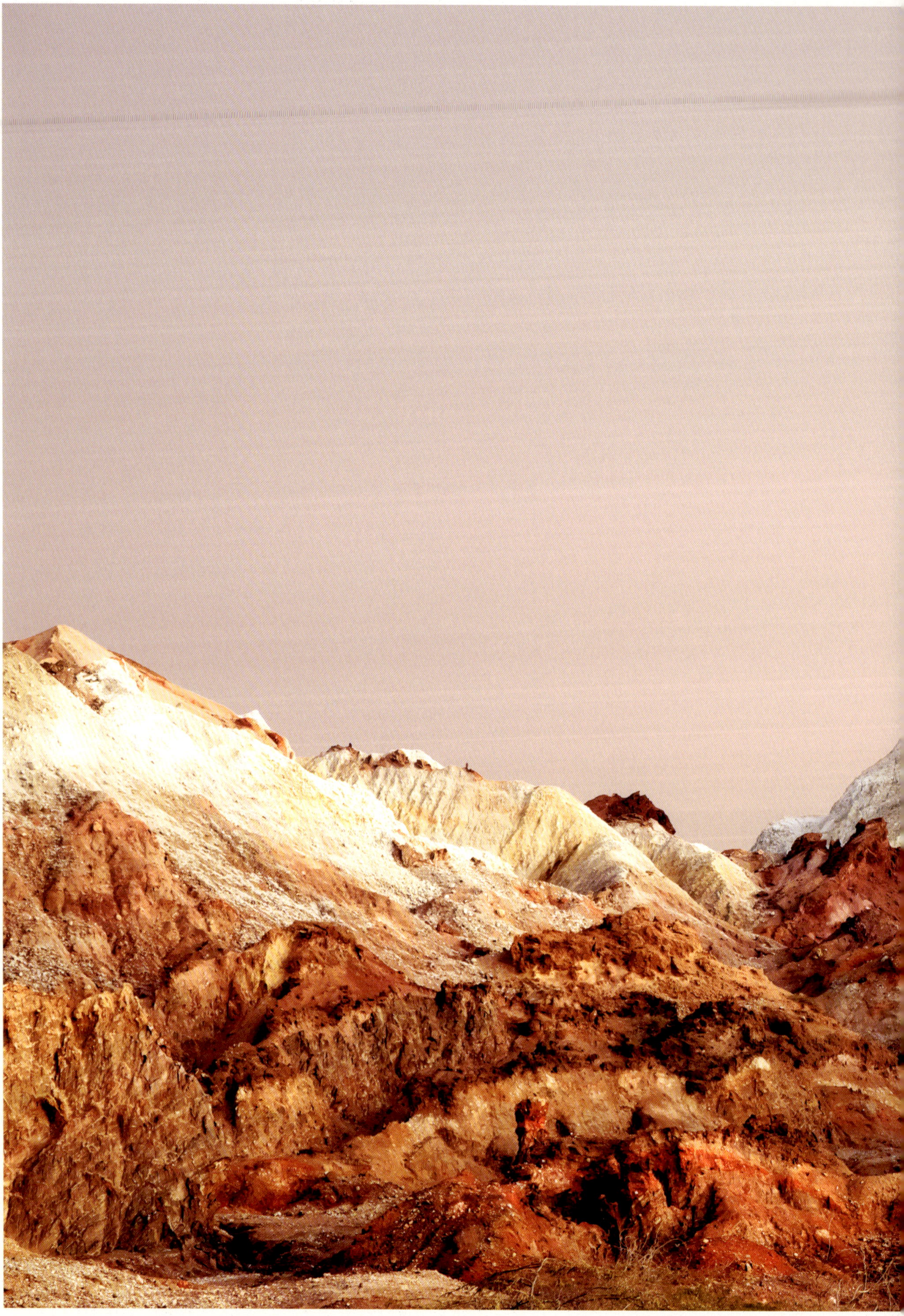

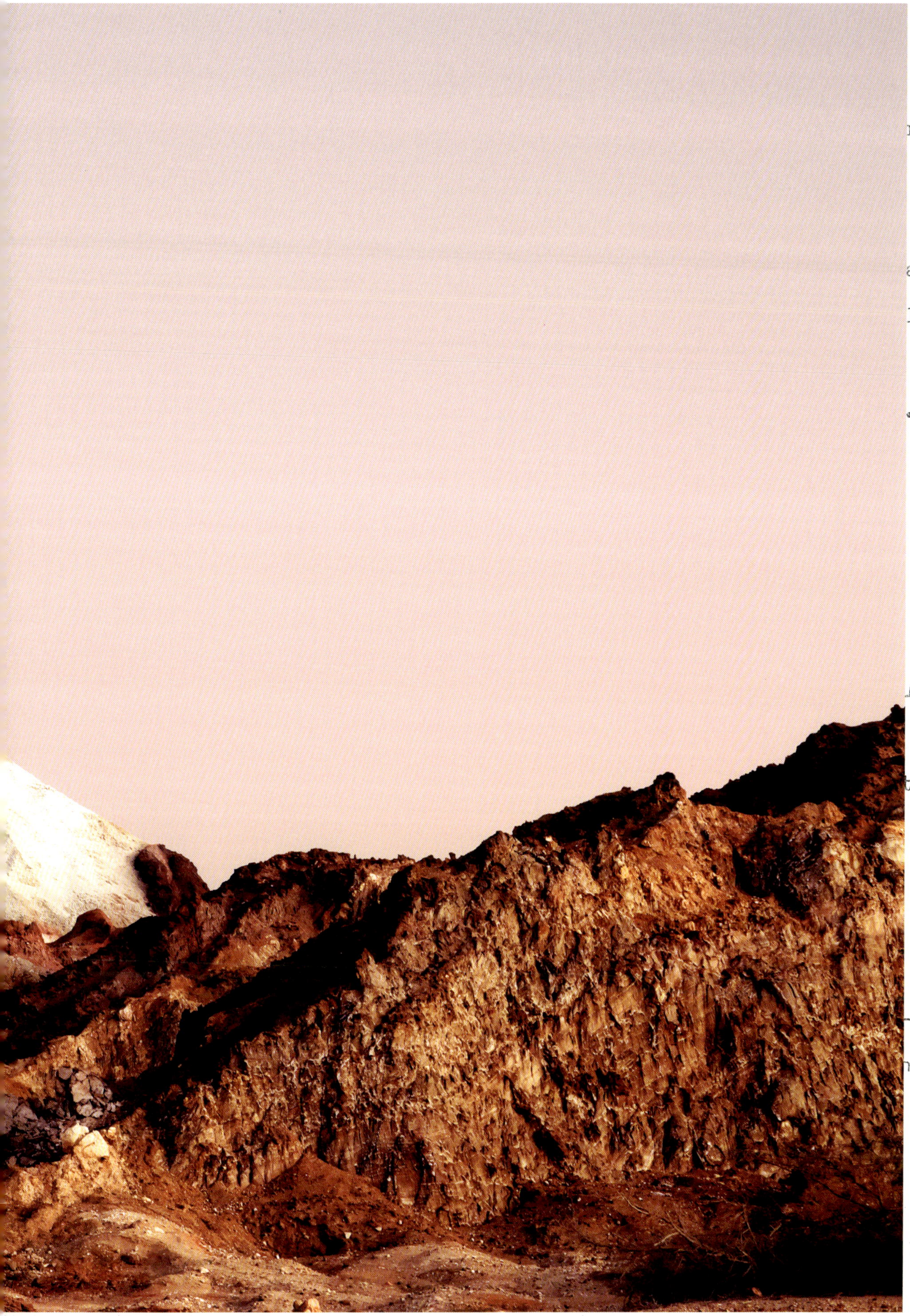

rd'hui

at

le

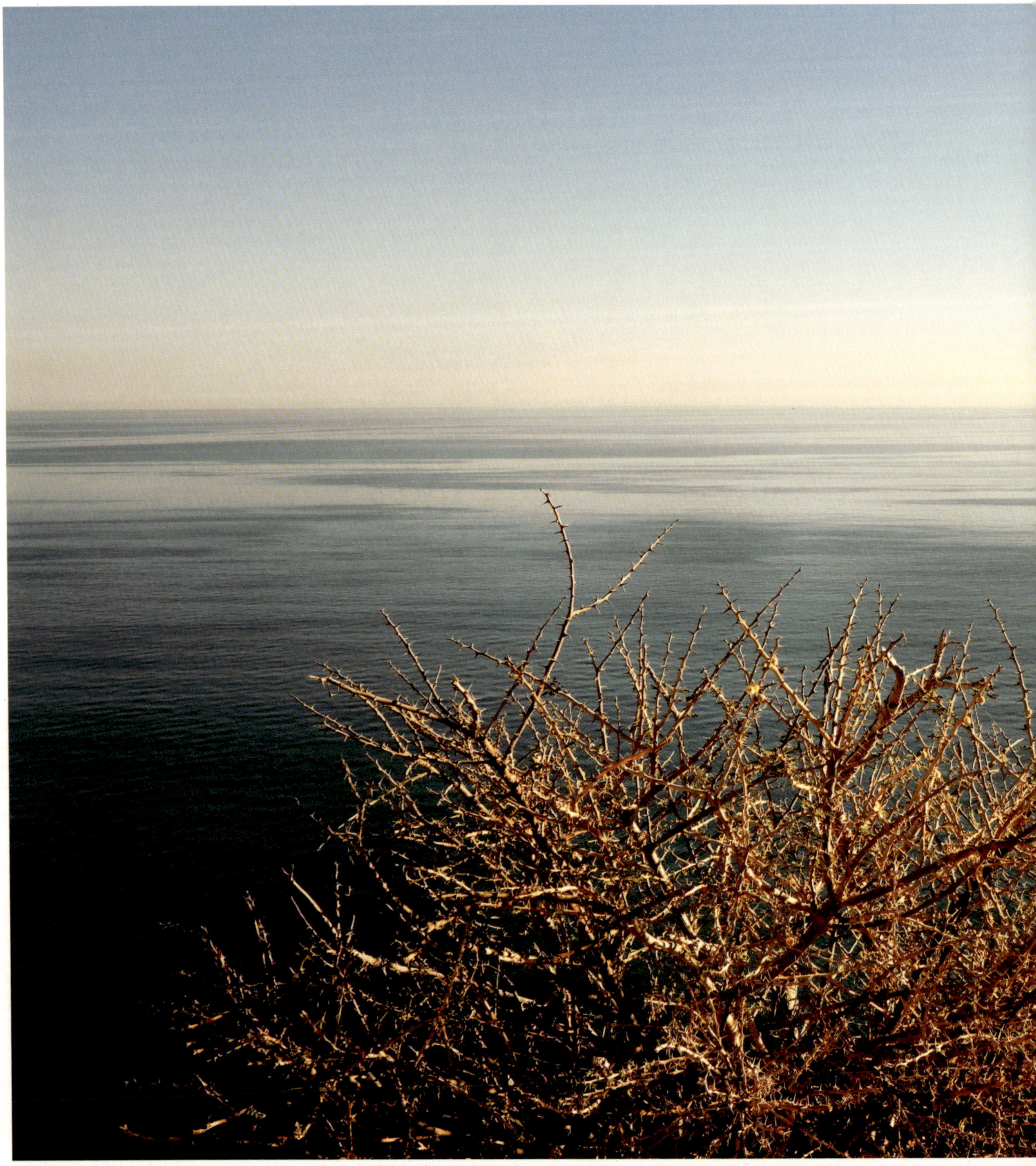

On a eu beau insister auprès des employés à la poste, rien à faire; aucun n'a voulu nous donner notre courrier. Les dernières nouvelles du pays nous étaient parvenues à Téhéran,
re boucle en Iran, longue de
a duré seize jours.

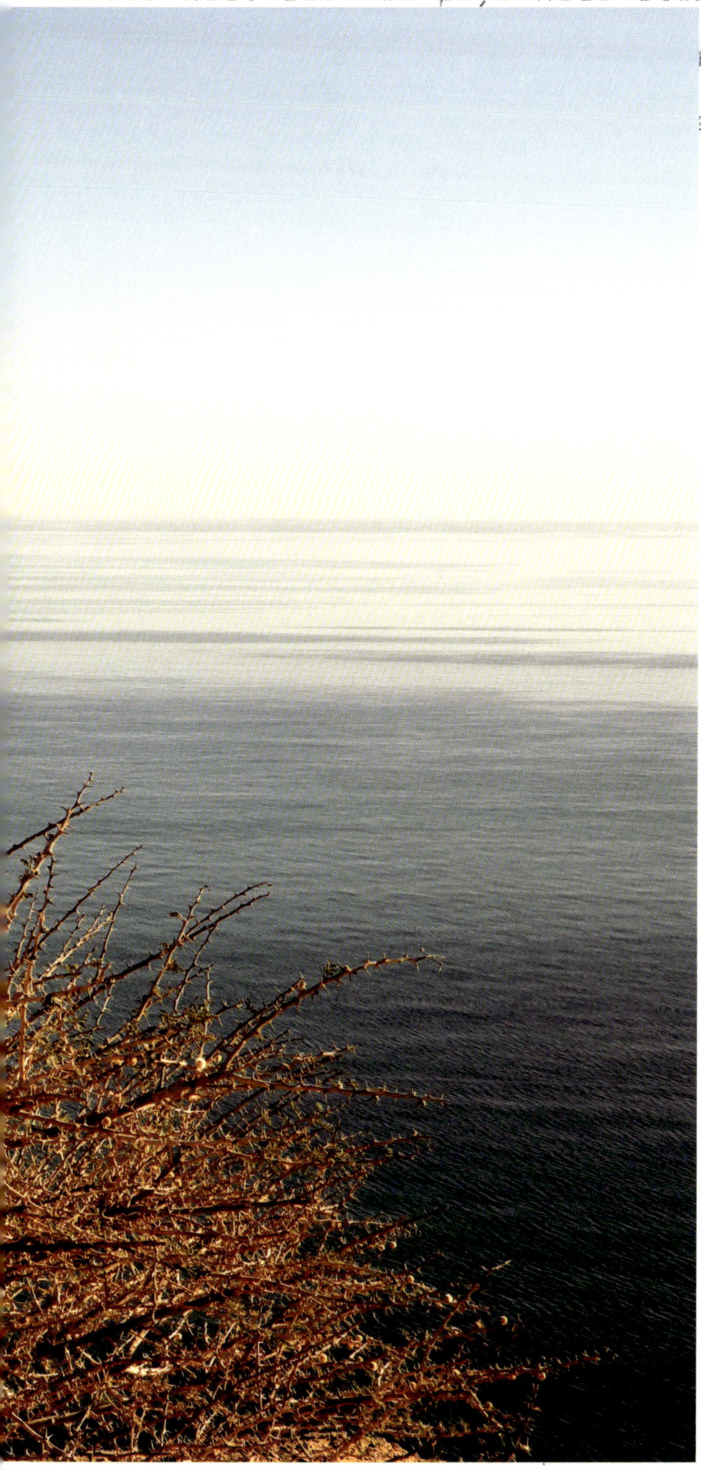

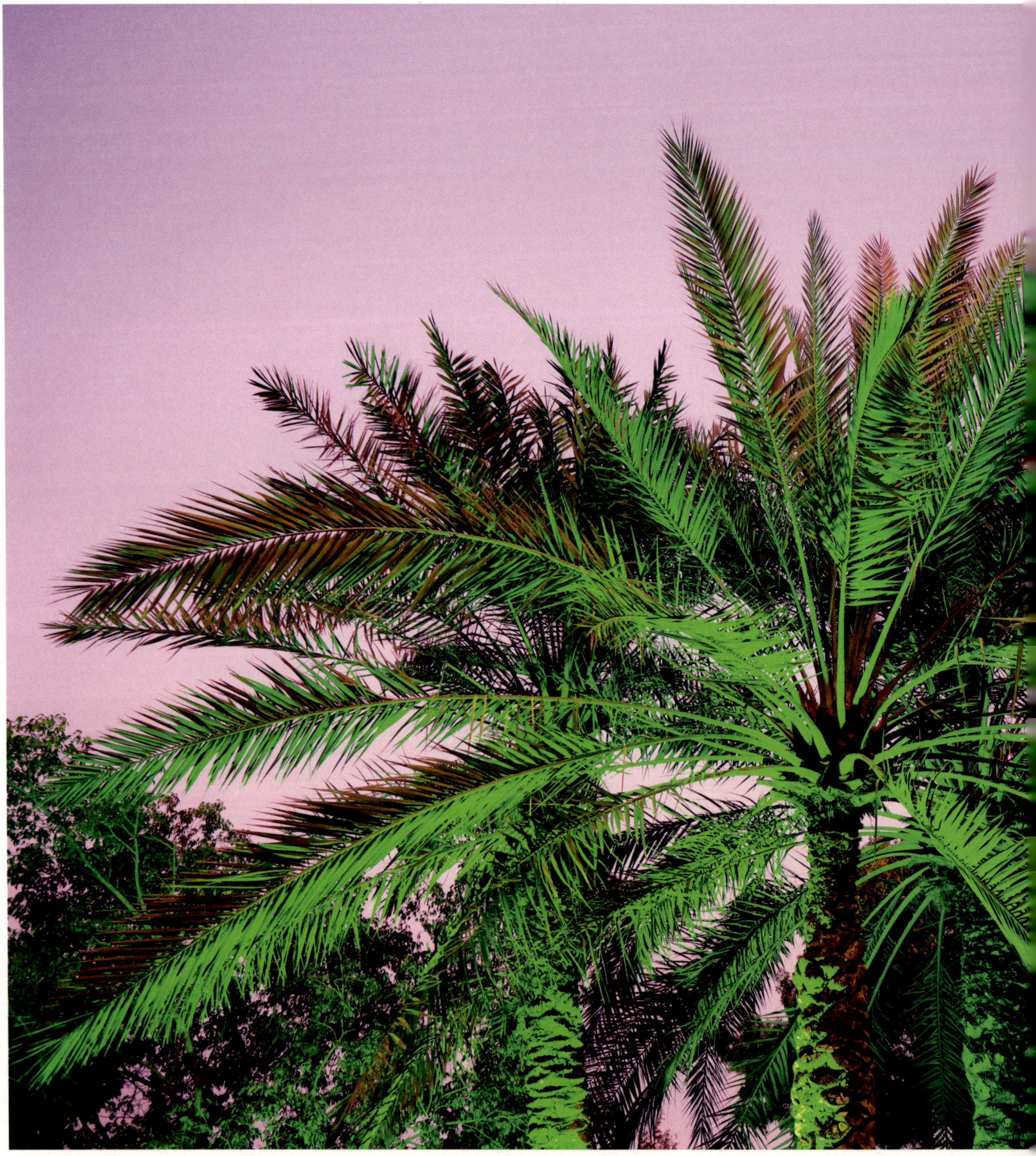

XI : L'IRAN, PARADIS PERDU.

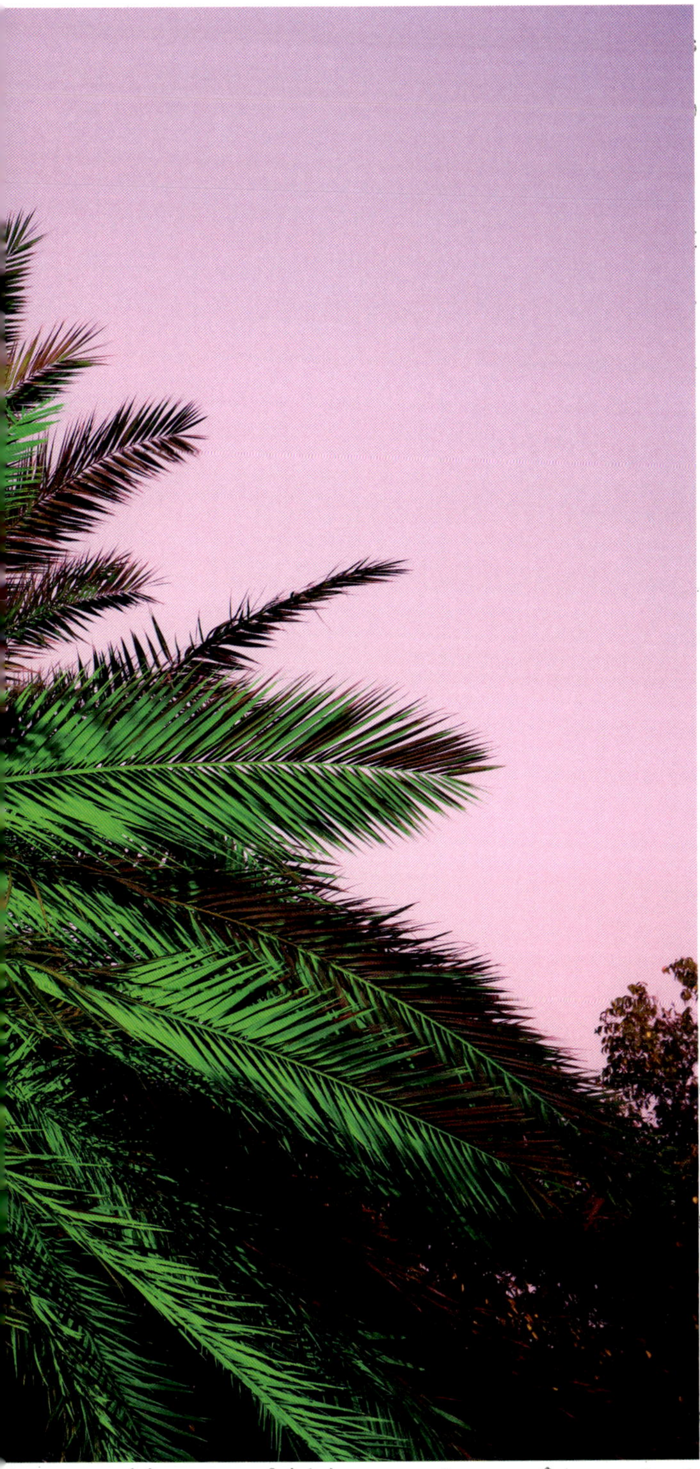

toire, de littérature, on
ns grecque et romaine. On a
symbolisant pour beaucoup
e sont des fondements clas-
itable origine est celle de
an.
h ont plus d'affinités avec
istan ou de l'Inde. Nous leur
hâle, bazar, sorbet, deux...
ms comme Cyrus, Darius Ier,
allait du Bosphore à l'Indus
ise.C'est au premier roi de
core de compter une masse de
eufs, les poulets, les copes...
e pensée est donnée par ce
(ceux-ci retournèrent à
onquiert l'Egypte. C'est
communications par courriers
n bout du royaume à la capitale,
âge. On lui doit aussi l'
et non plus en nature:
si les impôts, base de tout
système politique. Le prêt est également une de ses trouvailles.

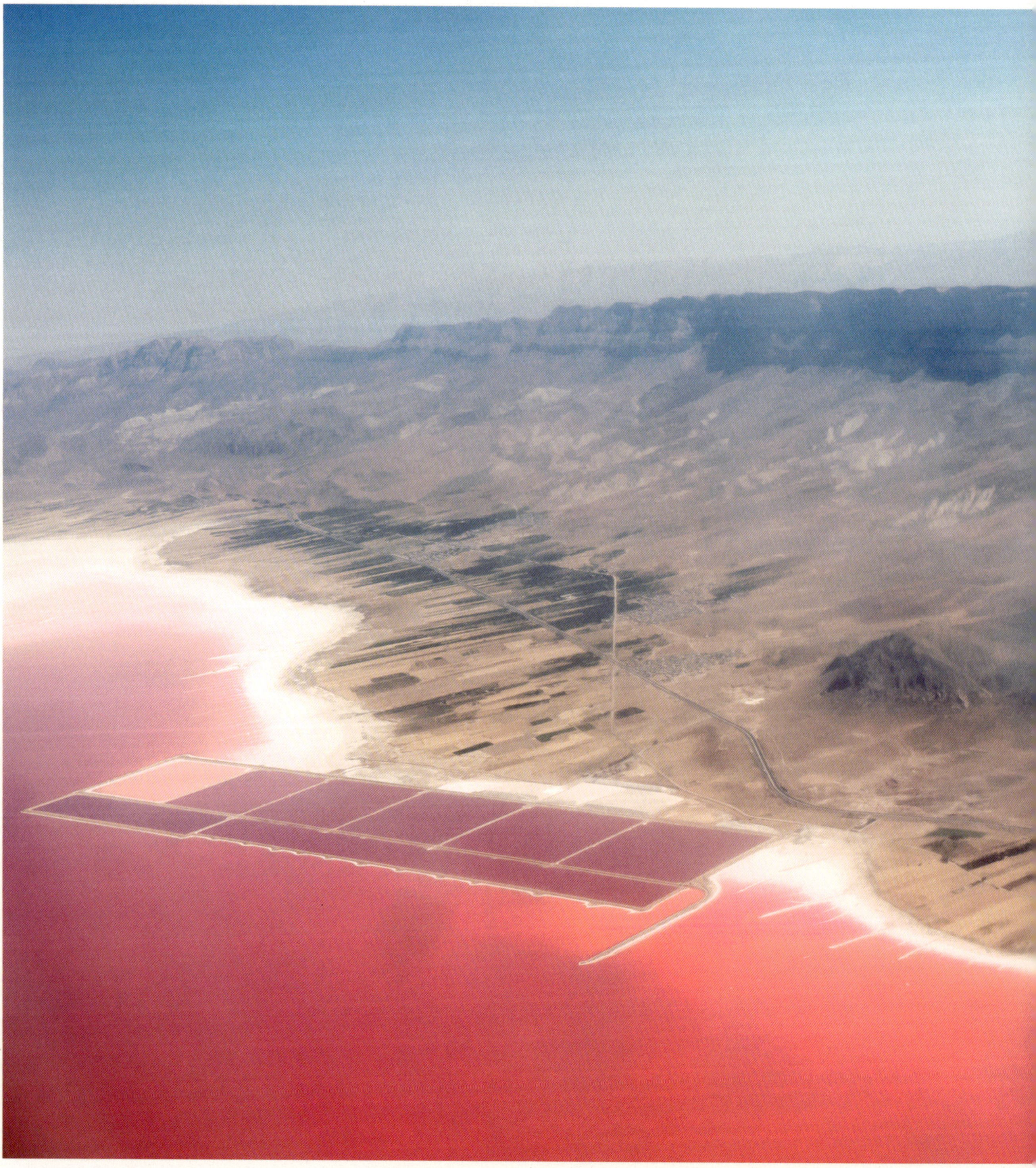

Son système de renseignements basé sur des espions est encore employé au moyen âge par Charlemagne avec ses fameux "missi dominici". Xerxès est défait en Grèce. Ensuite se

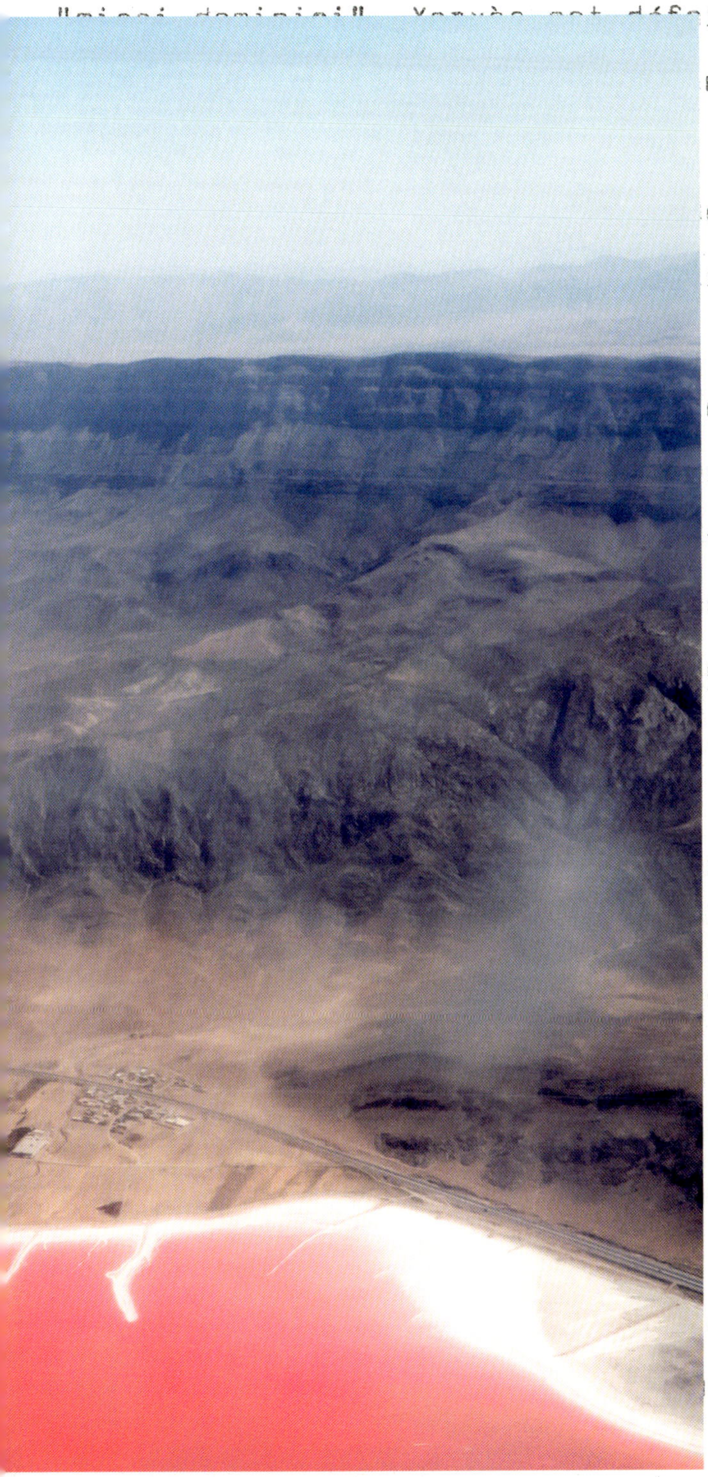

mènent la Perse au bord du

onien, opère la jonction

re son pays et la Perse.

immense empire. Malheureu-

ncendie d'Athènes et de

r à brûler Persépolis,

tronne des femmes chargées de

s et festoyant avec lui dans

e thèse est défendue par

lent d'un accident, d'un

conquérant qui se serait

rche à la main, et aurait

actuellement? Un pays im-

ix plus la Suède. Deux

arrent: une au Nord, l'

s. Le reste du pays est si-

1000 mètres d'altitude.

es de Demavend(5600 m), de

0 m).

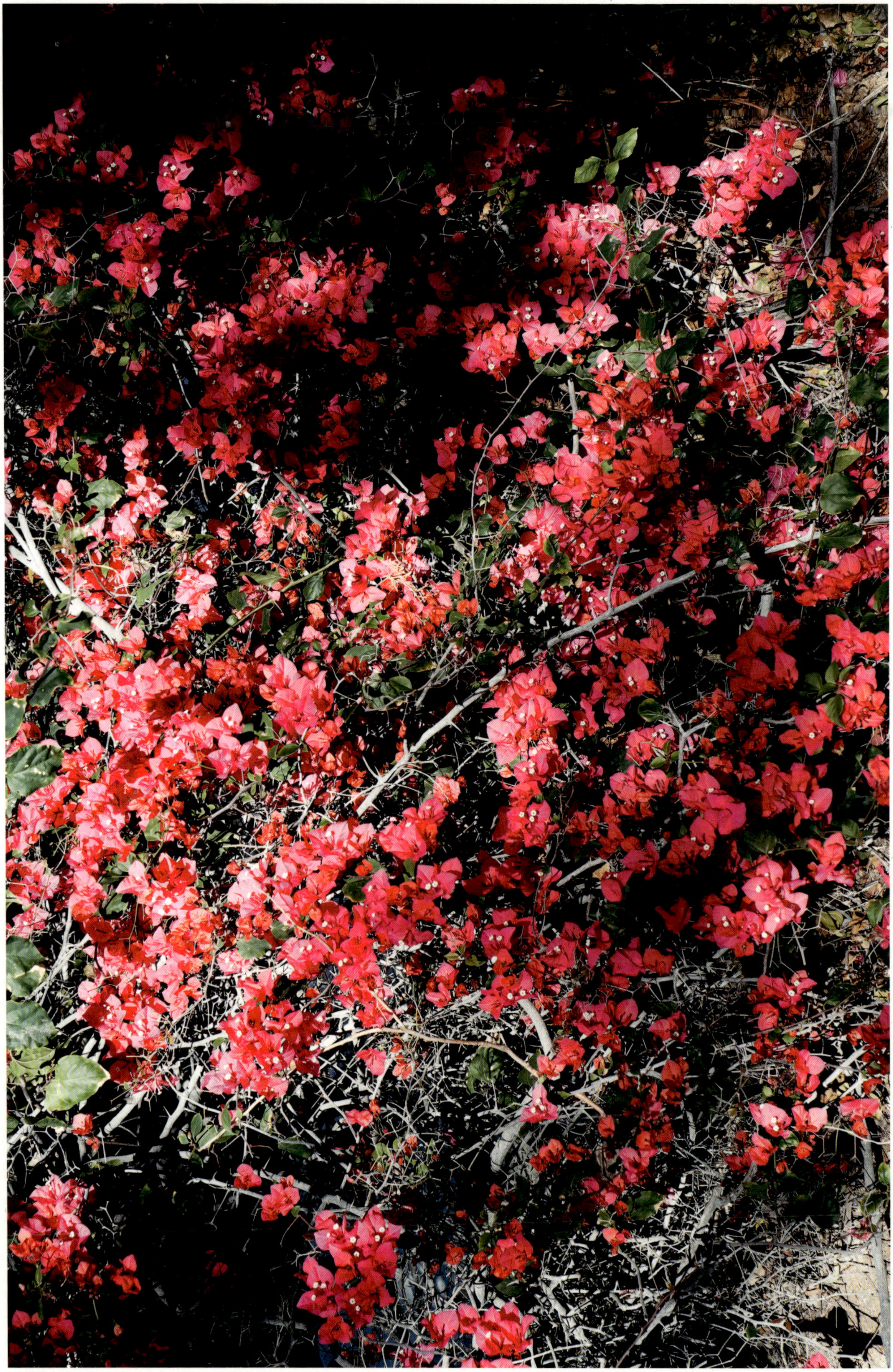

Ce relief est prédisposé aux secousses sismiques; en 13 ans, c'est-à-dire de 1955 à 1968, le pays a tremblé 6 fois. Deux déserts occupent une partie très importante du pays: un au Nord, le désert de sel, où rien ne pousse: un des endroits les plus chauds du monde. On y a déjà enregistré des températures de 75°C à l'ombre. A l'Est, le désert de sable. Le reste du pays, excepté la région de la Caspienne, est aride et montagneux. Toute la route que nous avons faite se trouve pour plus de 9/10 dans un paysage sans arbre, sec,aux tonalités rougeoyantes, empêchant la vie. Seulement quelques maigres chardons dans le creux des vallées asséchées servent de nourriture aux moutons.

Les villes et les villages se situent autour des oasis ou points d'eau. Ce sont alors de véritables paradis où poussent d'énormes pastèques à la chair rouge, des melons blancs très rafraîchissants dans ce pays; des tomates (que l'on vend presque mûres car plus croquantes), des poivrons et des aubergines bon marché, des concombres (que l'on retrouve à tous les repas: certains iraniens en mangent jusqu'à dix en une fois), des oignons énormes et très piquants, quelquefois des figues et des dates assez sucrées, et toujours du raisin blanc (le rouge est très rare).

La pomme de terre est peu mangée, chère, blanche et mauvaise. Le riz la remplace: on en cultive dans le Sud, du côté d'Ahwaz, et dans le Nord, le long de la Caspienne. C'est également dans cette région que pousse le thé, et aussi

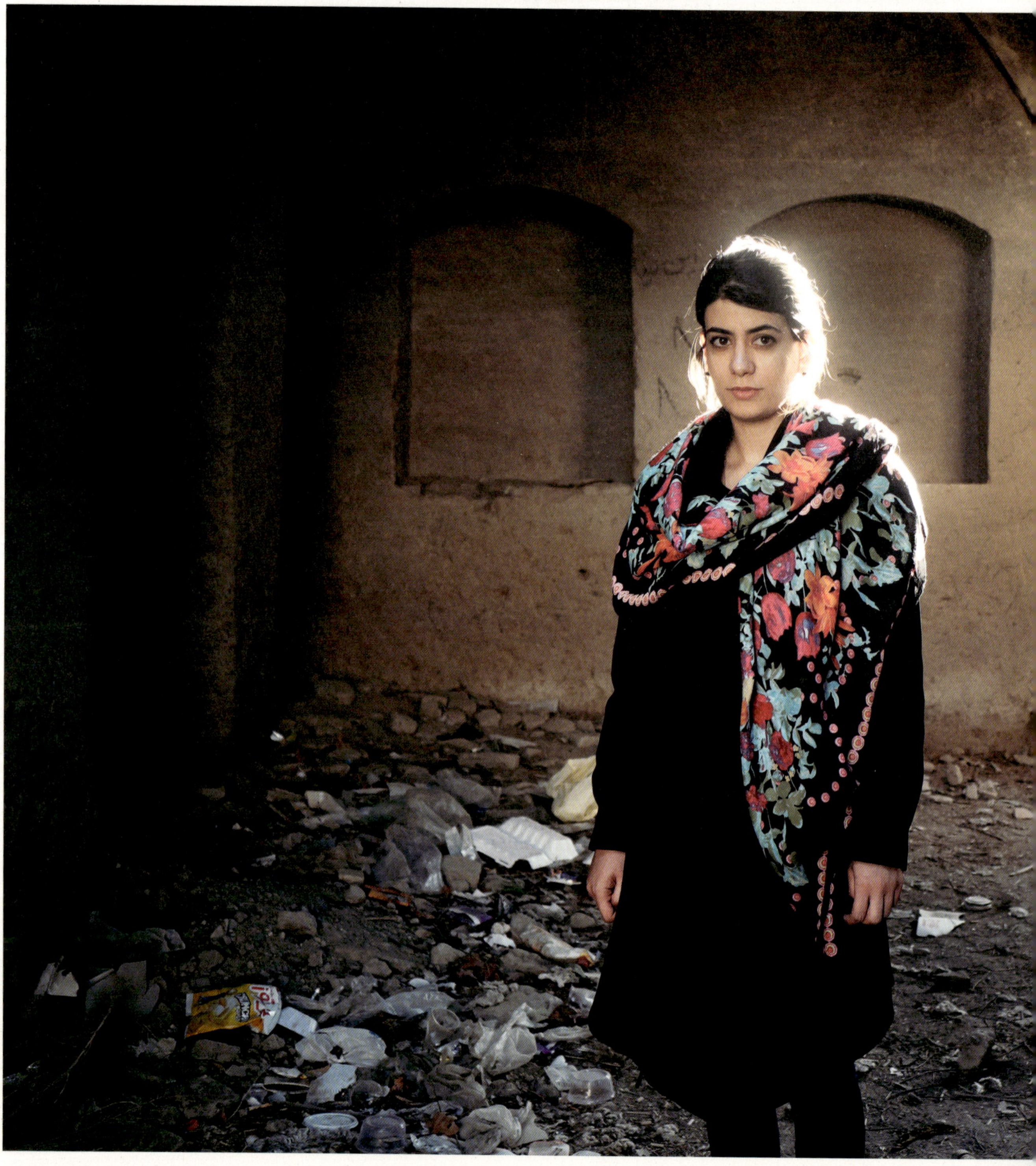

l'opium qui pendant de nombreuses années a ravagé la population. Les drogués actuels sont soignés, on leur fournit la dose limite qui leur permet de ne pas sortir trop rapidement

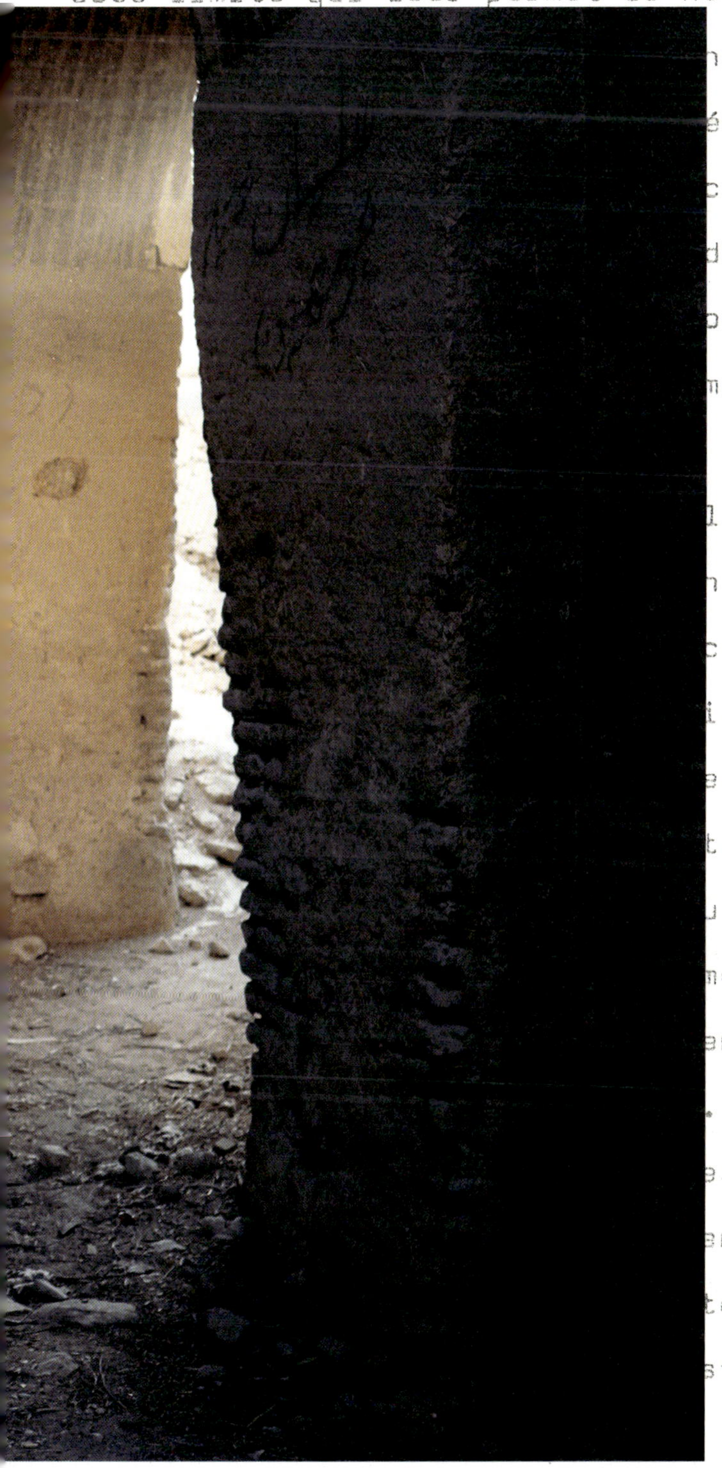

ncurables font l'objet de

état. Tout trafiquant de

cette lutte, à cette volonté

de sous-développement que ce

ope. Suivant certains écono-

me puissance au monde en l'an

lénaire, est en pleine phase

n âge en 1926 avec l'accession

connu depuis cette époque

ien pouvoir des 1000 familles

est affaibli très fort. Les

tes étaient essentiellement

u propriétaire étaient les

mences, 1 pour l'eau, 1 pour

ence le partage en cédant plus

. Après cela, c'est l'ère de

es associés). Alors que les

ent la troisième phase, celle

ter et drainer davantage pour

ste à remembrer les terres

pour intensifier leur culture selon le type "culture ouverte". En plus, on a dû faire appel à des aides techniques venant de l'extérieur, construire des écoles pour alphabétiser les villages où personne ne savait ni lire ni écrire son nom.

Ces réformes s'accompagnaient d'une évolution dans l'habillement qu'avait brusquée Rezah Shah. Il avait trouvé trop archaïques ces femmes voilées que l'on voit encore en foule dans les villages, et demandé sous peine de châtiment le port

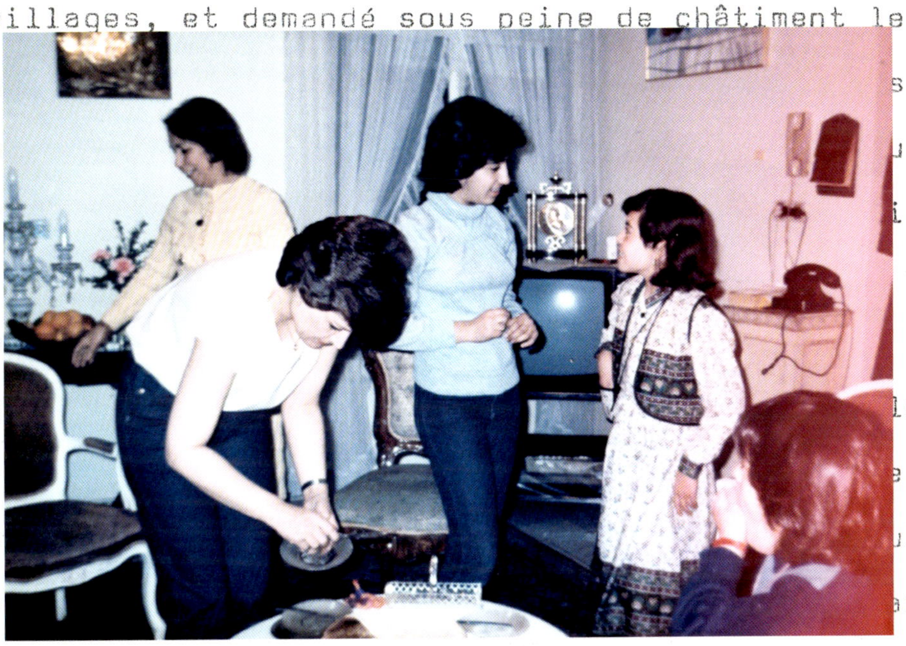

de la tenu … s en
résultèren … uel,
plus compr … igée
où chacun

L'Ira … vin,
des rossig … lme.
Les voitur … e)
créent des … ule à
flots, les … ars,
les routes s'améliorent d'année en année, celle de la frontière turque à Shiraz étant un billard sur presque toute sa longueur. Téhéran nous offre un centre riche où poussent les gratte-ciel et les jardins dans tous les coins. Dans les villes, la jeunesse se met à la mode occidentale, écoute les transistors et sort le soir. Pourtant, le chemin a été dur. Après la seconde guerre mondiale, la menace se fait sentir: création d'une république communiste à Tabriz, aujourd'hui disparue.

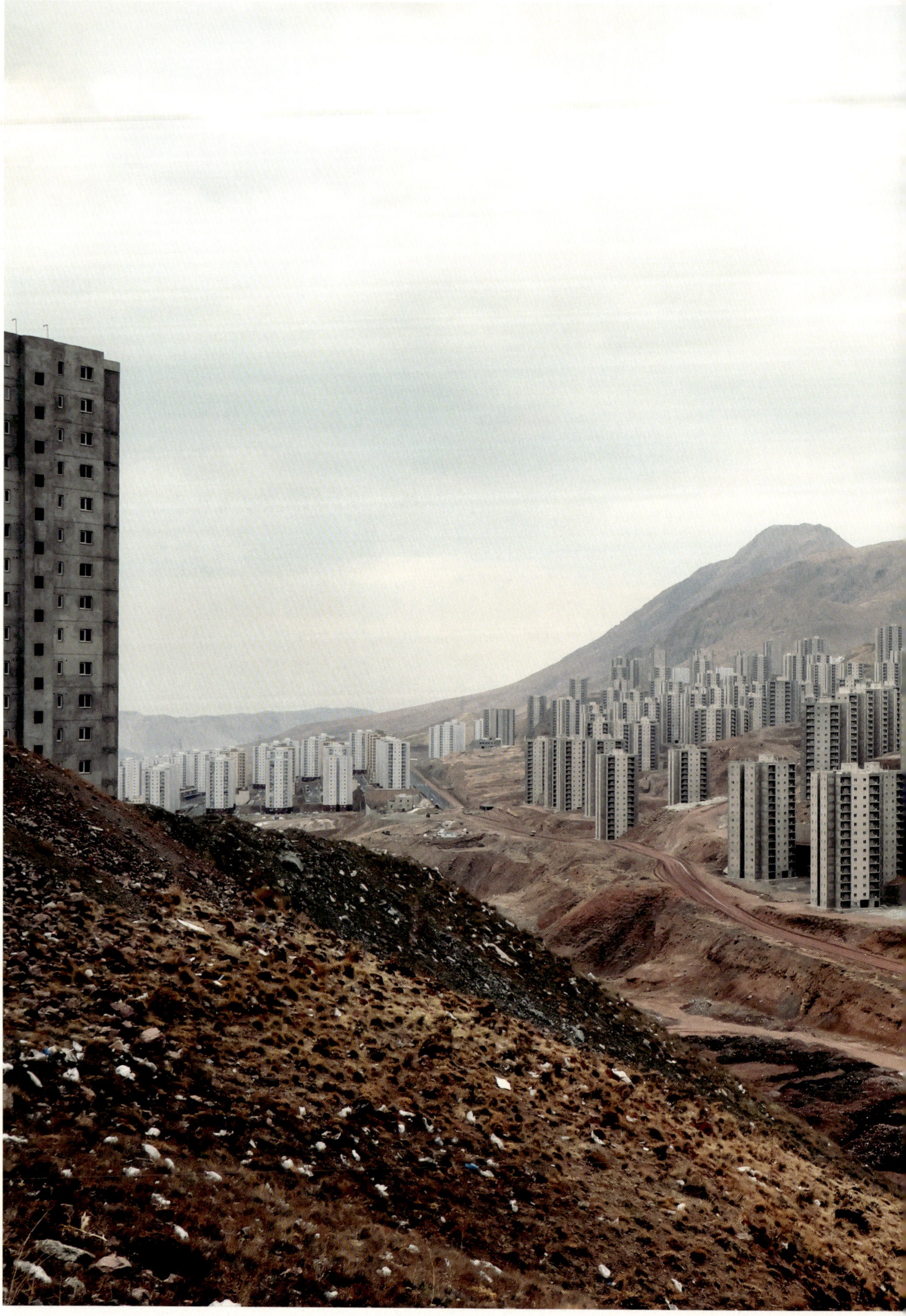

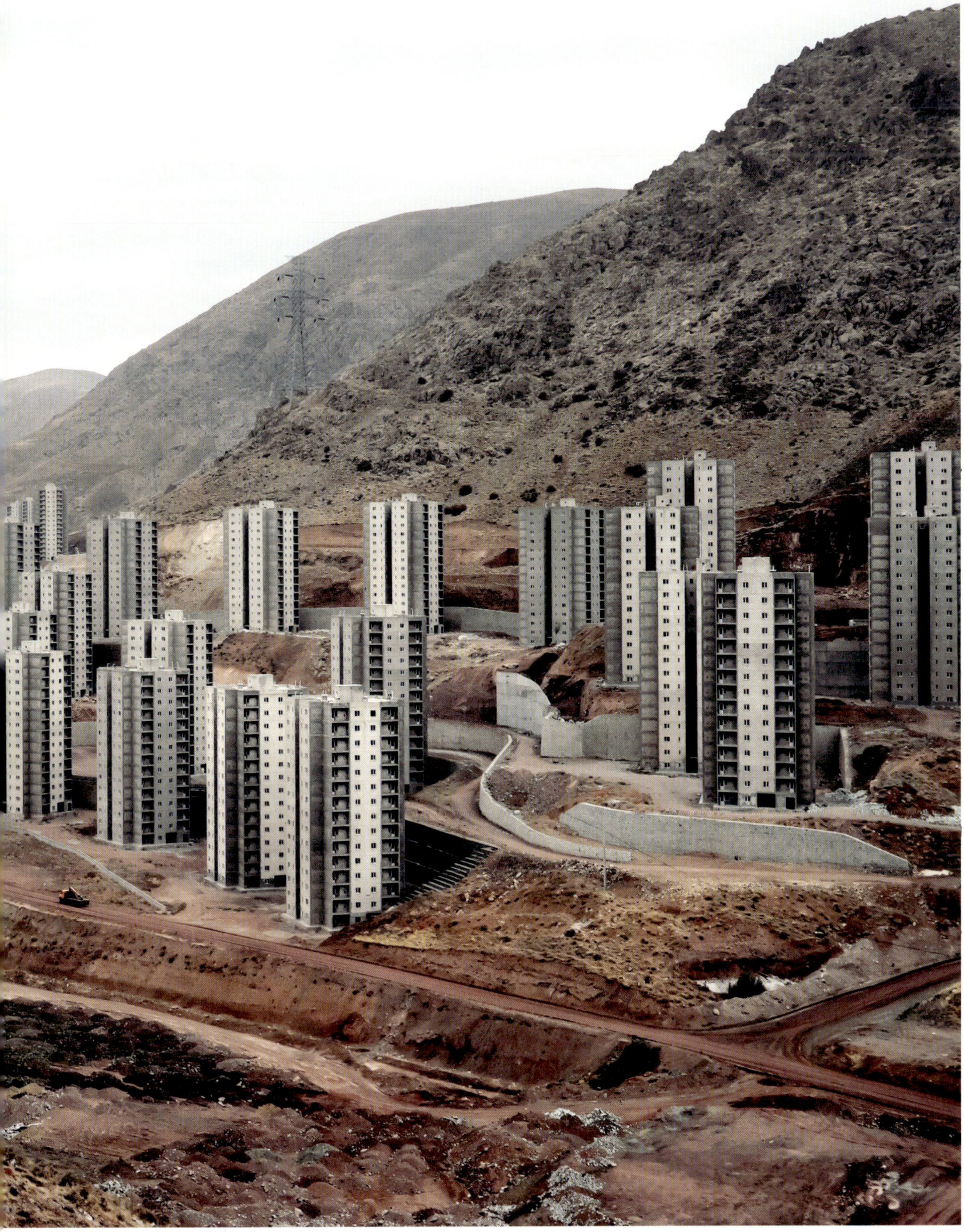

s

s

m-

-

n

re

le.

-

i-

s

t

The only true paradise is the paradise we have lost*

1971 was the 2,500th anniversary of the great Persian Empire. To celebrate, the Iranian Shah, Mohammad Reza Pahlavi, hosted extravagant festivities with the ruins of Persepolis at their heart.

My uncle was a 22-year-old civil engineering student at that time, with a pronounced taste for culture and travel. In anticipation of the celebrations in Iran, he and two friends bought a Volkswagen Kombi and drove the 6,000 kilometres from their home in Namur, Belgium.

My mum was very proud of her little brother. Upon his death, she handed me her copy of his travel journal. He had written it during his adventures, collecting a briefcase full of negatives at the same time. Mum had later typed the journal up for him, distributing it to family and friends. She had written her maiden name on the first page of the manuscript, the way schoolchildren do.

In 1979, eight years after my uncle's trip, a revolution overthrew the Shah and quickly turned Iran into a country fantasised as an Islamic paradise. Everything was irreversibly changed. The Iranian youth born after the revolution – almost half the population – have experienced little of the world beyond their padlocked country. They live under the stifling hand of a religious and authoritarian power that tries – mostly in vain – to control access to social media and foreign television channels.

The last chapter of my uncle's journal, 'Iran, Paradise Lost', could be used to describe the state of modern-day Iran: a former great civilisation, mired in regional and global conflicts, and paralysed by economic sanctions. The country's young, connected population yearn to leave – they seek paradise, but are unsure where to look.

And yet, the sheer concept of paradise is inherently Iranian. The word paradise comes from old Persian *paridaida* – meaning walled garden. When the Greeks first invaded Persia in the fifth century BC, they were so impressed by the Persian royal gardens that they adapted the word as *paradeisos* – a slice of heaven in the form of a garden. Many years later, Abrahamic faiths associated paradise with gardens, such as the Garden of Eden in Christianity. By extension, Persian carpets and their leafy motifs represent paradise too.

It is therefore only natural that this word resonates in all corners of a country where history is full of nostalgia, people are deeply romantic and flowers are everywhere. 'Paradise' in Iran has become synonymous with shopping malls, holiday destinations and even entire cities – like Pardis Town, a surreal city resembling concrete clusters growing in a Mars-like landscape under construction outside of Tehran.

In reaction, contemporary Iranian youth have developed their own notions of paradise. For some, it is a small village in northern Iran, where they can escape Tehran's notorious smog. For others, it is a secluded beach on a small island in the Persian Gulf, away from religious and political constraints. For others still, it is somewhere in Europe or North America – far from Iran – where they can begin a new life.

But for most people I met, their paradise is anchored in Persia. Its existence is linked to hope, the quest for change, the desire for a new beginning. These feelings bring with them an ever-present hint of nostalgia, seen in family tales, photo albums or through the fading memory of distant cousins who emigrated to find their own *paradise city*.

*Taken from Marcel Proust's 1927 *Le Temps retrouvé* (Time Regained).

Les vrais paradis sont les paradis qu'on a perdus*

En 1971, d'extravagantes festivités furent organisées au cœur des ruines de Persépolis par le Shah d'Iran, Mohammed Reza Pahlavi, afin de célébrer le 2500e anniversaire du grand empire perse.

Mon oncle était alors un étudiant en ingénierie civile de 22 ans, avec un goût prononcé pour la culture et les voyages. En prévison des célébrations en Iran, il acheta un combi Volkswagen avec deux amis et tous trois parcoururent les 6000 kilomètres séparant Namur (Belgique) de Persépolis.

Ma mère était très fière de son petit frère. À la mort de mon oncle, elle me donna sa copie du carnet de voyage qu'il avait écrit durant ses aventures, un récit accompagné d'une valisette de négatifs. Maman a ensuite dactylographié le carnet avant de le distribuer à la famille et aux amis. Elle avait noté son nom de jeune fille sur la première page du manuscrit, comme le font les écoliers.

En 1979, huit ans après le voyage de mon oncle, une révolution destitua le Shah et transforma rapidement l'Iran en un pays fantasmé comme un paradis islamique. Tout a changé de façon irréversible. La jeunesse iranienne née après la révolution (près de la moitié de la population) n'a eu que peu d'occasions de découvrir le monde au-delà de son pays cadenassé, vivant sous le joug d'un pouvoir religieux autoritaire, tentant, souvent en vain, de contrôler l'accès aux réseaux sociaux et aux chaînes de télévision étrangères.

Le dernier chapitre du carnet de mon oncle s'intitule "l'Iran, paradis perdu" et semble décrire l'état de l'Iran d'aujourd'hui: une ancienne grande civilisation, embourbée dans des conflits régionaux et mondiaux, et paralysée par des sanctions économiques. La population, jeune et hyper connectée, cherche à s'enfuir, à la quête d'un paradis, sans savoir vraiment où le chercher.

Et pourtant, le concept de paradis est intrinsèquement iranien. Le mot "paradis" vient de l'ancien persan *paridaida*, littéralement "jardin clôturé". Quand les Grecs envahirent la Perse au cinquième siècle avant notre ère, ils furent tellement éblouis par les jardins royaux persans qu'ils s'approprièrent le mot, devenu *paradeisos* en grec. Des années plus tard, les religions abrahamiques utilisèrent le même mot pour désigner le paradis, représenté sous la forme d'un jardin (notamment le jardin d'Eden dans le Christianisme). Par extension, les tapis persans et leurs motifs feuillus représentent eux aussi le paradis.

Dès lors, quoi de plus naturel que d'entendre ce mot résonner aux quatre coins de ce pays à l'histoire emplie de nostalgie, au peuple profondément romantique et aux fleurs omniprésentes? "Paradis" est devenu en Iran synonyme de centres commerciaux, destinations de vacances ou même de villes entières, comme Pardis Town, cité surréaliste en construction à quelques encablures de Téhéran, telle un amas de béton poussant en plein paysage martien.

En réaction, la jeunesse iranienne contemporaine a développé sa propre notion de paradis. Pour certains, c'est un petit village dans le nord de l'Iran, où on peut échapper au tristement fameux smog de Téhéran. Pour d'autres, c'est une plage enclavée sur une petite île du Golfe Persique, loin des contraintes politiques et religieuses. Pour d'autres, c'est quelque part en Europe ou en Amérique du Nord, loin d'Iran, où une autre vie est possible.

Mais pour la plupart des gens que j'ai rencontré, ce paradis est bien ancré en Perse. Son existence est liée à l'espoir, à la recherche d'un changement, au désir d'un nouveau départ. Ces sentiments vont toujours de pair avec une pointe de nostalgie, présente dans les récits de famille, les albums photo ou à travers la mémoire floue de cousins lointains qui ont émigré pour trouver leur propre *paradise city*.

*Extrait de Marcel Proust, *Le Temps retrouvé*, 1927.

du désert. Il y a en général deux sortes de bêtes: les très bons chameaux, ceux qui résistent plus de 10 jours sans boire, et les mauvais, c'est-à-dire ceux qui tiennent de 6 à 7 jours. Ceux-ci subissent un traitement spécial. On les emmène à l' abreuvoir. Au moment où ils ont presque fini de boire, un iranien s'approche par derrière la bête et la pince à un endroit connu d'eux seuls. L'animal, saisi, respire un bon coup et avale c

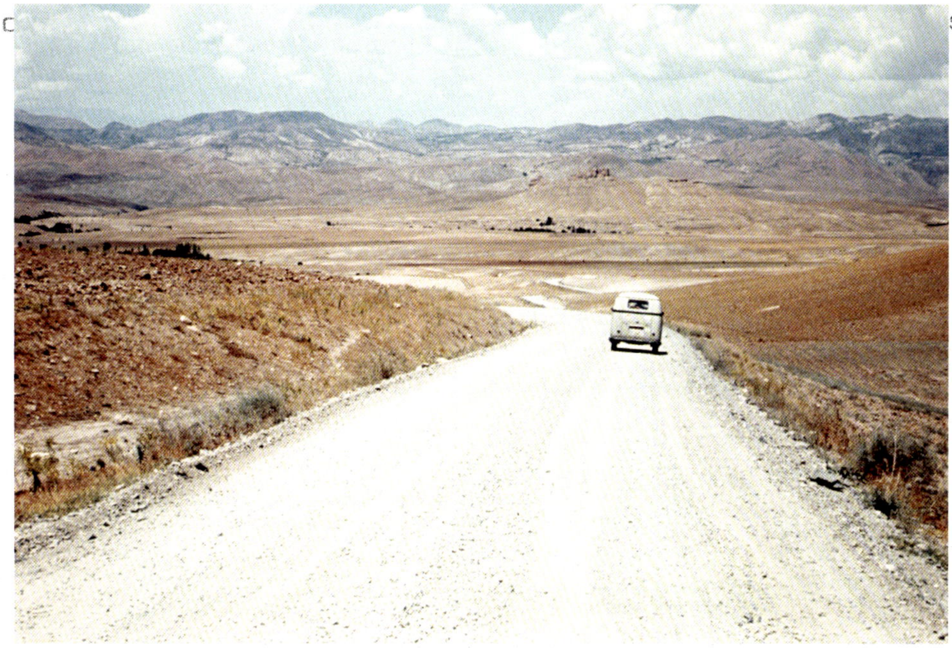

st

sur cette

de

soleil.

My warmest gratitude goes to all the welcoming people of Iran, especially Farnaz, Mariam, Mahshid, Babak, Ladan, Roja, Nastaran, Afshin, Hamid, Goli, Mahsa, Giti, Zohreh, Hani, Mohamed, Benham, Bahram, Negar, Pezhman, Navid, Hamed, Sara and Pardis.

It has been a long road to make this book come true, and I am grateful I could count on the ideas, opinions, skills and stories of Michèle Walerich, Danièle Igniti, Mylène Carrière, Myriam Kraemer, Nicolas Polli, Charles Camberlin and José André.

Thanks also to all the people who offered guidance and support along the way: Anne-Françoise Lesuisse, Christian Maccotta, Peter Vass, Arnaud Laroche, Rachele Ceccarelli, Erik Vroons, Nicolas Havette, Alban Lécuyer, Laura Serani, Michaël Duperrin, Sébastien Calvet, Bastien Manac'h, Oanell Terrier, Eric Karsenty, Adeline Rossion, Charlotte Doyen, Sarah Girard, Vali Mahlouji, Vanessa Winship, George Georgiou, Rob Hornstra and Arnold van Bruggen.

My heartfelt appreciation goes to Stuart Smith and the entire GOST team, in particular Ana Rocha and Claudia Paladini.

From the first journey to Iran to the last day on press, this project has been fuelled by the loving memory of my uncle Christian.

I dedicate this book to my family, including my mum, my cousin Nadia, my wife Grace and my daughter Joséphine. Your continued encouragement fed me along the process.

This book has been made possible with the support of the Centre national de l'audiovisuel, Luxembourg.

The cover is a representation of a Persian garden, which originated in Iran during the time of the Achaemenid Empire. The characteristics of such gardens are formal, symmetrical and confined. Most are structured in a quadrilateral layout later referred to as *Charbagh*, with four smaller gardens separated by flowing water or walkways intersecting at the centre. Persian gardens with their aromatic flowers and fruit-bearing trees hint at the idea of an earthly paradise.

Paradise City is based on the journal 'Namur-Persepolis-Namur' created by José André, Charles Camberlin and Christian Jusseret.

First published in 2020 by
GOST Books London

info@gostbooks.com
gostbooks.com

Edited and designed by GOST
Katie Clifford, Gemma Gerhard, Allon Kaye, Eleanor Macnair, Claudia Paladini, Ana Rocha, Justine Schuster

Printed in Italy by EBS

British Library cataloguing-in-publication data.
A catalogue record of this book is available from the British Library.

ISBN 978-1-910401-47-7